कोठी भर धान

(स्त्री और आदिवासी जनजीवन की कहानियाँ)

विश्वासी एक्का

अनुज्ञा

वैधानिक चेतावनी

प्रथम संस्करण : 2023

ISBN 978-93-95380-19-5

प्रकाशक

अनुज्ञा बुक्स

1/10206, लेन नं. 1E, वेस्ट गोरख पार्क, शाहदरा, दिल्ली-110 032

e-mail : anuugyabooks@gmail.com • salesanuugyabooks@gmail.com

फोन : 011-22825424, 7291920186, 09350809192

www : anuugyabooks.com

शाखा कार्यालय : धर्मकांटा चौक, राष्ट्रीय राजमार्ग 57,
एम.बी.बी.एल कॉलेज रोड, बैरिया, मुजफ्फरपुर-842 003 बिहार

शाखा कार्यालय : बी-1171, द्वितीय तल,
ग्रीन फील्ड्स कॉलोनी, फरीदाबाद-121 010 हरियाणा

शाखा कार्यालय : 301, तृतीय तल, राधाकृष्ण अपार्टमेंट, सांई कॉलोनी,
स्टेशन रोड, चाईबासा, पश्चिमी सिंहभूम-833 201 झारखंड

मूल्य : 399 रुपये

आवरण चित्र
भारती, रांची झारखंड

मुद्रक
अर्पित प्रिंटोग्राफर्स, दिल्ली-32

KOTHI BHAR DHAN
Collection of Short stories *by **Dr. Vishwasi Ekka***

उन्हें जो पितृसत्ता के
ख़िलाफ मज़बूती
से खड़ी हैं।

कहानियों के सम्बन्ध में

आदमी सदैव अपनी बात कहता आया है, बिना कहे वह रह ही नहीं सकता। अपने सुख-दुख, अपने विविध भावों की अभिव्यक्ति मनुष्य के लिए ज़रूरी है, अन्यथा वह भीतर ही भीतर घुट कर रह जायेगा। मनुष्य की इसी आवश्यकता ने उसके कहने को वाचिक परम्परा से लिखित परम्परा तक पहुँचाया। कहानी किसी दूसरे लोक से नहीं आती, वह तो कहानीकार के भीतर से, उस समाज से, उस दुनिया से आती है जहाँ वह रहता है।

समय के साथ समाज बदला है, परिस्थितियाँ बदली हैं। स्त्री-पुरुष के बीच सम्बन्धों में बदलाव आया है, बहुत कुछ बदला है लेकिन स्त्रियों की दशा में उस तरह से बदलाव नहीं आया है जैसा कि किसी सभ्य और सुसंस्कृत समाज से अपेक्षा की जाती है। देशकाल के अनुरूप वैश्विक स्तर पर उसका स्वरूप थोड़ा भिन्न हो सकता है, लेकिन स्त्री के शोषण की कहानी मानव-विकास के प्रारंभिक दौर से लेकर आज तक अनवरत चली आ रही है। क्या वजह है कि पढ़ा-लिखा सभ्य समाज भी इस समस्या से नहीं उबर पाता!

'स्त्री-पुरुष एक ही गाड़ी के दो पहिये हैं'; 'स्त्री के बिना पुरुष अधूरा है' ऐसी नैतिक शिक्षा और श्लोगनों के बाद भी स्त्री की स्वतन्त्रता बाधित होती है। मातृशक्ति का गुणगान सिर्फ आदमी की जिह्वा पर है हृदय में नहीं। स्त्री को पितृसत्ता के समक्ष झुकने के लिए पूरा समाज दबाव बनाता है, यहाँ तक कि कभी-कभी स्त्री स्वयं उसके समर्थन में खड़ी दीख पड़ती है, सम्भव है उसके पीछे भी पुरुष का हाथ हो, वहीं पुरुष पक्ष से भी स्त्री-मुक्ति का स्वर समय-समय पर उभर कर आता है। यह बात एक उम्मीद जगाती है कि स्त्री-पुरुष एक-दूसरे के विरोधी नहीं हैं, दुश्मन नहीं हैं लेकिन इस समझ को और विकसित करने की आवश्यकता है। अक्सर यह देखने में आता है कि पति-पत्नी आपसी सामंजस्य से सुखमय जीवन जीना चाहते हैं, इसकी शुरुआत भी करते हैं लेकिन परिवार, समाज या रिश्तेदार उसे पितृसत्ता के वशीभूत

पत्नी की बात मानने वाले, पत्नी से प्रेम करने वाले पति को 'जोरू का गुलाम' कहने लगते हैं जिससे उसका पुरुष अहंकार आहत हो जाता है। पितृसत्ता का अहं स्त्री-पुरुष के बीच के अन्य सम्बन्धों में भी झलकता है चाहे वह सम्बन्ध प्रेमी-प्रेमिका, पिता-पुत्री, भाई-बहन, माँ-बेटा का हो या नौकरीपेशा स्त्री का कार्यस्थल हो, मेरी कहानियाँ वहाँ से निकल कर आती हैं।

भारतीय समाज में जातिवाद की जड़ें बहुत गहरी और मज़बूत हैं, हमारा पढ़ा-लिखा सभ्य होना जातिवाद की इस जड़ को हिलाता ज़रूर है पर उसे उखाड़ फेंकने की क्षमता उसमें अभी नहीं आयी। कस्बाई क्षेत्रों में उसका वीभत्स रूप अब भी देखा जा सकता है, नगरीय क्षेत्रों के कार्यस्थल भी इससे मुक्त नहीं हैं। शोषक और शोषित का अन्तर समाज में साफ-साफ दिखाई देता है, एक बौद्धिक बल पर भरोसा रखता है तो दूसरा अपनी मेहनत और श्रम पर विश्वास क़ायम रखे हुए है, अपने बार-बार ठगे जाने के बाद भी वह अपने ईमान पर अडिग है, यह जानते हुए भी कि उसका सरपरस्त कोई नहीं। मेरी कहानियाँ यहाँ से भी निकल कर आती हैं।

प्रेम शाश्वत है, सदियों से अपने मारे जाने के लाख षड्यन्त्रों के बाद भी प्रेम जीवित है, मेरी कहानियाँ उस उर्वर भूमि से भी आती हैं। साल 2015 में छत्तीसगढ़ के चम्पारन में आयोजित रचना शिविर कार्यशाला में पॉलीथीन चबाती गाय को केन्द्र में रख कर मैंने पहली कहानी लिखी जो सतत् और प्रौढ़ शिक्षा के पाठ्यक्रम हेतु राष्ट्रीय पुस्तक न्यास भारत, नयी दिल्ली द्वारा 'कजरी' शीर्षक से प्रकाशित हुई। चम्पारन की पावन भूमि और स्मृतिशेष, पितातुल्य ललित सुरजन जी के प्रति हृदय से आभार जिन्होंने मुझे रचनाशीलता के लिए सदैव प्रेरित किया। यह मेरा पहला कहानी-संग्रह है जो सहृदय पाठकों और साहित्य-प्रेमियों के समक्ष सादर प्रस्तुत है।

विश्वासी एक्का

विषय सूची

साहब सलाम

तपेसर आज बहुत खुश है। कल ही उसकी धान मिसाई पूरी हुई है, इस वर्ष अच्छी वर्षा हुई अत: फसल भी अच्छी हुई है। दस बोरियों में धान भरा हुआ है, उन बोरियों की ओर इशारा करते हुए तपेसर, ने फुलेसरी से कहा– "ये बछर धान बढ़िया उपजिस हवे, दाएल कर खेती घलो बढ़िया दिखत हवे, तीसी अऊ तिल में उज्जर– गुलाबी फूल भरदाराइस हवे। हमन दुइये परानी तो हवन, केतना खाब। चल ये साल नवरात में कुदरगढ़ जाब, मेला बुलब अऊ मन्नत माँगब।" पति की बातें सुन कर फुलेसरी के चेहरे पर मुस्कान उभर आयी।

वैसे तो तपेसर इतना नहीं पीता कि उसे शराबी कहा जाये, लेकिन तीज-त्योहार के अवसर पर गयारिन के घर से लिया हुआ महुआ का एक बोतल तो पी ही जाता है, गयारिन महुआ में जाने क्या मिलाती है कि नशा जल्दी उतरता ही नहीं, आसपास के गाँवों में उसके हाथों बनाई गयी दारू की माँग होती है। कभी-कभी तपेसर ग़म भुलाने के लिए भी पी लेता है जैसा कि पीने वाले कारण बताते हैं। तपेसर ऐसे समय बड़बड़ाता है–"काकर बर बचाय के राखों, न बाल न बच्चा, दुइये परानी केतना खाब और पहिरब।" लेकिन आज तपेसर अच्छी फसल होने की खुशी में पी रहा है। फुलेसरी ने झुँझलाते हुए कहा–"ये बछर खेती बढ़िया होइस हे तो का, महूँ तोर संग बइठ के महुआ पियो।" तपेसर में एक अच्छी बात है कि वह पीकर फुलेसरी को मारता-पीटता नहीं और न ही गाली-गलौच करता है, उल्टे फुलेसरी की डाँट को चखना समझ कर खा लेता है और ओसारे में पड़ा रहता है। आज भी वह पीकर सोया हुआ है, दोपहर हो गयी लेकिन वह खटिया पर अभी भी औंधे मुँह लेटा हुआ है, जब फुलेसरी से रहा नहीं गया तो उसने एक लोटा पानी तपेसर के ऊपर उँडेल दिया, पानी की बौछार से तपेसर अकचकाकर उठ बैठा और कुछ देर बाद सिर पकड़ कर ओसारे में जमीन पर उकड़ूँ बैठ गया।

गाँव में तीन ठाकुर परिवार रहते हैं, रावेन्द्र सिंह के दादा कई बरस पहले

दो और परिवार के साथ गोबिनपुर गाँव में आये थे, उन्होंने गाँव के देवाला में शरण ली थी। गर्मियों के दिन थे अत: चादर तान कर चारों तरफ से दीवार बना ली गयी थी ऊपर खुला आसमान ही छत का काम कर रहा था। कुछ महीने बाद बरसात के पहले देवाले की कुछ दूरी पर जंगल के किनारे तीन झोपड़ियाँ बना ली थीं। आज वही तीन परिवार इस गाँव में आबाद हैं। रावेन्द्र के दादा कहते– "रेहन्द बाँध ने हमें बेघर किया और इस गाँव ने हमें आसरा दिया, अब यही हमारा गाँव है।" सच ही था वे इसी गाँव के होकर रह गये, गाँठ में कुछ रुपये तो थे ही लेकिन उससे ज्यादा उनके पास बौद्धिक बल था। धनबल और बुद्धिबल के बूते वे फलते-फूलते गये। सरगुजा की माटी में रचे-बसे सरल और निश्छल लोगों को वे बताते कि– "हम बाबू ठाकुर हैं।" भोले-भाले गाँव वालों ने भी उन्हें बाबू-भइया स्वीकार कर लिया था।

रावेन्द्र जब छोटा था, तपेसर के साथ ही खेलता। तपेसर बहुत तेज दौड़ता और बन्दर की तरह फुर्ती से पेड़ पर चढ़ जाता। वहीं रावेन्द्र न तेज दौड़ पाता और न ही पेड़ पर चढ़ पाता, तपेसर की यही एकमात्र जीत होती लेकिन रावेन्द्र फिर भी खुद को हारा हुआ नहीं मानता। सुखमेत उसी गाँव की बेटी थी, साँवला रंग, गोल चेहरा, हँसमुख और कद-काठी ऐसी कि दादा की बहँगी कन्धे पर उठा लेती और खलिहान तक पहुँचा आती। दादा उसे रोकते, पर वह हँस कर कहती– "काँही नयी होय बबा।" उसके दादा सोचते पचास साल पहले अगर कोई लड़की कन्धे पर बहँगी उठा लेती तो गाँव में पंचायत बैठ जाती और दंड भी दिया जाता, भला जिस काम को कर, पुरुष गर्व से सीना तान कर चलता है, वही काम स्त्री कर लेगी तो उसे कौन पूछेगा। सुखमेत के दादा समझने लगे थे कि दुनिया बदल रही है, लड़कों के समान अब गाँव की लड़कियाँ भी साइकल चलाने लगी हैं, एक दिन सुखमेत के दादा बोले– "जा तो नोनी तहूँ, तोर कका कर साइकिल ला चलाय के देख।"

सुखमेत बड़ी गुणवंती लड़की है, घर और बाहर का काम बड़ी सफाई से कर लेती है, उसने नौवीं तक पढ़ाई भी की है। जब वह दादा और पिता के लिए खेत में कलेवा पहुँचाने जाती तो अक्सर रास्ते में तपेसर से मुलाकात हो जाती, तपेसर की निगाहें सुखमेत के माथे पर चमकती टिकुली पर अटक जाती और सुखमेत शरमाकर तेज कदमों से आगे बढ़ जाती। उसी रास्ते से अक्सर रावेन्द्र भी अपने खेतों में बनिहारी कराने जाता, यदा-कदा वह भी सुखमेत से

टकरा जाता, सुखमेत समझ गयी थी कि रावेन्द्र जानबूझ कर अपनी साइकल, जगह होने पर भी उसके बगल से ही निकालता, सुखमेत को यह बात बिल्कुल अच्छी नहीं लगती लेकिन वह रावेन्द्र से कुछ कहने की हिम्मत ही नहीं जुटा पाती। तपेसर भी समझ गया था कि रावेन्द्र, सुखमेत पर बुरी नजर रखता है, तपेसर और सुखमेत का प्रेम, परवान चढ़ने के पहले ही जैसे मुरझाने लगा था।

खेतों में धान की फसल तैयार हो रही थी, तपेसर बाँसुरी बजाते हुए मेड़ के रास्ते अपने खेत की ओर जा रहा था, इस समय खेतों में काम, कम ही होते हैं, किसान सिर्फ फसलों को देखने के लिए ही खेतों की ओर जाते हैं। तपेसर अपनी ही धुन में चला जा रहा था कि अचानक उसका दाहिना पैर किसी फन्दे में फँस गया, वह मुँह के बल गिरते-गिरते बचा, शायद यह बच्चों की शरारत थी, लम्बे घास के छोरों को किसी ने आपस में जोड़ कर बाँध दिया था। तपेसर खेतों के बीच पहुँच चुका था जब सुखमेत बकरियों को हाँकते हुए गली से खेतों की ओर जाने वाले उसी एकमात्र रास्ते पर जा रही थी, रास्ता सुनसान ही था रावेन्द्र, कब अपनी साइकल से सुखमेत के पीछे पहुँच गया उसे पता ही नहीं चला, उसे इस मौके की तलाश कई दिनों से थी। उसने सुखमेत को आवाज दी– "सुखमेत! तैं मोके देखके काबर भागथस? का मैं तोके खाय जाहूँ।" सुखमेत तेज तर्रार लड़की थी, अपनी बड़ी-बड़ी आँखों से रावेन्द्र को देखते हुए बोली–"भागत कहाँ हो ठाकुर! कहा, का बतियाना हे।" "रावेन्द्र, सुखमेत से बात तो करता था लेकिन आज सुखमेत से बात करते हुए उसकी ज़बान अटक रही थी। नौसिखिया बहेलिया जब जाल फेंकता है तो चिड़िया उसे चकमा देकर उड़ जाती है। सुखमेत, रावेन्द्र के मन की बात भाँप गयी, उसने सवाल किया– "रउरे मोर से बियाह करब ठाकुर साहेब?" रावेन्द्र को जवाब में इस सवाल की उम्मीद नहीं थी, वह थोड़ा सकपका गया और थोड़ा नाराज़ होते हुए कहा–"पगलाय गये हस का! ठाकुर कबहों गोंड़िन से बियाह करहीं?" और वह सुखमेत पर उड़ती नजर डालते हुए, तेजी से साइकल पर पायडल मारते हुए आगे बढ़ गया। कुछ दिनों बाद एक दिन रावेन्द्र ने मौका देखकर सुखमेत को रास्ते में रोका और उसकी तारीफ़ करते हुए बोला– "ऐ सुखमेत, तैं बड़ सुघ्घर तिखथस रे! एक नजर में देख के कोई तोके गेड़िन कहीं का। ओ दिन मैं कहे रहें वो बात ला बिसर जा! अम्मा-बाबू कबहों नयी मानही, ओमन अपन हिसाब से मोर बियाह करहीं, बकी एक बात हे, अगर तोर मन है तो एक बात

होय सकत है, तैं बियाह झन करबे, मैं तोके जिनगी भर ठकुराइन बनाय के राखहूँ।" रावेन्द्र की बातें सुन कर सुखमेत का मन जाने कैसा होने लगा। "जा ठाकुर, फोकट में झिन गोठियावा, मोर बबा देख लेही तो रिसाय जाही, मोके जाय दा।" कह कर सुखमेत तेजी से आगे बढ़ गयी।

रावेन्द्र अब बगैर काम के भी सुखमेत के घर का चक्कर लगा आता। सुखमेत के बाबा को माज़रा समझ में आ गया, उनका अनुभव रावेन्द्र की साइकल की घंटी की भाषा समझ जाता, अब वो गली की ओर खुलने वाले दरवाजे पर ही बैठे दिखाई देते और मछली फँसाने का जाल कई महीनों तक बुनते रहे, अब वे घर के बाहर कम ही जाते, सुखमेत का घर से निकलना भी कम हो गया था। छह महीने बीते, सुखमेत की शादी तय हो गयी और चट मँगनी पट विवाह कर सुखमेत के घरवालों ने चैन की साँस ली।

तपेसर को गाने, बजाने और गाने सुनने का शौक था, गाँव की कीर्तन मंडली में वह ऐसा मृदंग बजाता कि लोग झूम-झूम कर भजन गाने लगते। संध्या समय रेडियो में प्रसारित होने वाला गोधूलि और चौपाल कार्यक्रम बड़े चाव से सुनता, फुलेसरी भी उसका साथ देती। एक दिन तपेसर के घर से तेज आवाज में करमा गीत बजते सुन, रावेन्द्र ठिठक गया और दरवाजे से आँगन में झाँकते हुए बोला– "का बात हे तपेसर, कोनो खुशखबरी है का? "तपेसर, रावेन्द्र की आवाज सुन कर पीढ़े से उठते, राम-राम कहते हुए जवाब दिया– "नहीं भाई, ये बछर खेती बढ़िया होइस तो मैं सोचें, धान बेंच के टेपरिकार्डर खरीद लों। कालिहे तो सहर गये रहें, उहाँ मोर ममा ससुर मिस्त्री हवे, उनकरे संग जायके ये टेपरिकार्डर खरीदे हों।" उसने स्टूल पर रखे टेपरिकॉर्डर की आवाज धीमी करते हुए बताया। "चल ठीक है" कहते हुए रावेन्द्र बाहर निकल गया। गोबिनपुर में कँवर, गोंड़, यादव और ठाकुर बिरादरी के लोग रहते थे, अलग-अलग जातियों के होते हुए भी वे रिश्तों की डोर से बँधे हुए थे, कोई चाचा, कोई दादा, तो कोई काकी, आजी, भले ही ये सम्बन्ध मौखिक हों। अगर आज तपेसर ने झोंक में आकर रावेन्द्र को भाई कह दिया तो क्या हुआ, वैसे वह रावेन्द्र को ठाकुर कह कर ही संबोधित करता था। अपने लिए तपेसर के मुँह से 'भाई' संबोधन सुनकर रावेन्द्र को अच्छा नहीं लगा था।

आज भाईदूज है, दिवाली का दूसरा दिन। ठाकुर के घर सुबह से ही मेहमानों का आना-जाना लगा हुआ है। शाम को फुर्सत पाकर रावेन्द्र की जोरू

पार्वती ने पति से पिक्चर देखने की इच्छा जताई। रावेन्द्र ने राजू की दुकान से किराये से वीडियो लाकर घर में लगवा दिया, वीडियो में 'शोले' फिल्म चल रही थी। ठाकुर परिवार के साथ कुछ बच्चे और औरतें भी पिक्चर देख रही थीं, जब तक दस-बारह लोग इकट्ठे न हों तो पिक्चर देखने का मजा ही क्या, बच्चे बीच-बीच में एक दूसरे को चिकोटी काट रहे थे, पिक्चर में उनकी दिलचस्पी कम ही दिख रही थी। रावेन्द्र भी दरवाजे के पास ही कुरसी पर बैठ कर पिक्चर का आनन्द ले रहा था, कि अचानक बच्चे नाक पर हथेली रख खी-खी करने लगे पर रावेन्द्र की एक ही घुड़की से सबकी सिट्टी-पिट्टी गुम हो गयी।

तपेसर ने जैसे ही खटिया से उतर कर जमीन पर पाँव रखा, सिर चकराने लगा आज दोपहर में वह सुखमेत का नाम लेकर बड़बड़ाता रहा, फुलेसरी सुनती रही, उसे अब बुरा नहीं लगता, पहले उसे बुरा लगता था लेकिन अब नहीं लगता, तपेसर का प्रेम और अपनापा उसे सब भुला देने का हौसला देता। तपेसर दीवार का सहारा लेते हुए बाहर निकल कर फुलेसरी को आवाज दी, जब कोई जवाब नहीं मिला तो पिछले दरवाजे से निकल कर बाड़ी की ओर चला गया और एक गिलहरी को कटहल पेड़ की ऊपरी शाखों पर फुदकते हुए देर तक देखता रहा। बाड़ी में अचानक दो मुर्गों की लड़ाई ने तपेसर का ध्यान भंग कर दिया। वह उठकर आँगन से होता हुआ गली में आ गया और यूँही टहलते हुए आगे बढ़ गया। रावेन्द्र के घर से बच्चों और महिलाओं के हँसने का समन्वित स्वर सुन कर तपेसर वहीं ठिठक गया, कुछ मिनट खड़े रहने के बाद उसने फुलेसरी को आवाज दी– "ए मुन्ना कर काकी! सुनत हस" दो बार पुकारने पर भी कोई उत्तर नहीं मिला, लेकिन किवाड़ की ओट से देख रही दो आँखें लाल हो रही थीं। तपेसर ने एक बार फिर से ऊँची आवाज में– "मंजू के अम्मा! ए भउजी" यह सुनते ही गुस्से से भरा हुआ रावेन्द्र बाहर आया और आँख तरेरते हुए– "का रे! काबर नरियावत हस, अउर तोर हिम्मत कइसे होइस, मंजू कर अम्मा के नाव लेहे बर, ठकुराइन तोर भउजी कब से होय गइस बे!" तपेसर ने डरते हुए कहा–"मोर से का गलती होय गइस ठाकुर।" तपेसर के मुँह से यह सुनते ही रावेन्द्र आगबबूला हो गया और तपेसर पर लात-घूँसों की बरसात कर दी। वीडियो में चल रहे शोले फिल्म का दृश्य गली में दृश्यमान हो गया। शोरगुल सुन कर महिलाएँ और बच्चे भी बाहर आ गये। अपने पति को जमीन पर चित देख कर फुलेसरी रावेन्द्र के सामने हाथ जोड़ कर खड़ी हो

गयी और गिड़गिड़ाते हुए बोली– "छोड़ देई ठाकुर साहेब! छोड़ देई।" रावेन्द्र ने जूते की नोक से तपेसर को एक ठोकर मारी और सिर पर पैर रख कर मसल दिया। तपेसर के मुँह से खून निकलता देख गाँव के बुजुर्ग मोहरसाय, रावेन्द्र के सामने हाथ जोड़ कर खड़ा हो गया। अब भीतर से आवाज आनी बंद हो गयी शायद फिल्म खत्म हो गयी थी।

आठ-दस दिनों तक तपेसर घर के भीतर ही रहा, ओसारे पर पड़ी खटिया पर वह लेटा रहता, फुलेसरी उसे हल्दी मिला दूध देती और माथे पर जड़ी-बूटियों का लेप लगाती रही, गाँव का बैगा रोज सुबह घर आता जड़ी-बूटियों के लेप के साथ हाल-खबर भी ले लेता। फुलेसरी की सेवा-टहल से तपेसर आज कुछ अच्छा महसूस कर आँगन में टहलने लगा, उसकी नजर स्टूल पर रखे टेपरिकॉर्डर पर गयी, वह स्टूल के पास गया लेकिन कुछ सोच कर वहीं ठिठक गया। कुछ देर चुपचाप खड़ा रहा फिर कुछ सोच कर अगले ही क्षण उसकी उँगलियाँ टेपरिकॉर्डर के बटन पर तेजी से बायीं ओर घूम गयीं, टेपरिकॉर्डर का वाल्यूम फुल हो गया, मुंडेर पर बैठे दो कौवे चौक कर उछल गये और तपेसर के चेहरे पर हल्की मुस्कान तैर गयी।

कोठी भर धान

गले में गेंदे की माला, घोड़े की सवारी, लोगों की भीड़। आनन्द और एक अनजाना भय का मिला-जुला भाव बार-बार चेहरे पर उभरता और गायब हो जाता। सोनसाय चुनाव जीत कर आज गाँव का सरपंच बन गया है; उसने यह सपने में भी नहीं सोचा था। क्या वह सचमुच सरपंचई कर पायेगा या कि गाँव के चतुर होशियार किस्म के गैर आदिवासी लोग उसकी लाठी बनेंगे, इस ऊहापोह में उसका साँवला मुखमंडल कत्थई हो रहा था। अपनी जीत के बाद जब उसे सभा के समक्ष दो शब्द कहने के लिए आमन्त्रित किया गया, तो जैसे सोनसाय हड़बड़ा गया, वह सिर्फ इतना ही बोल सका–"मैं बहुत खुश हूँ और आप सबके सहयोग से ही काम कर पाऊँगा।" इसके बाद उसने अपने हाथ जोड़ लिये। सभा में बैठे विनायक साव के चेहरे पर कुटिल मुस्कान तैर गयी।

सोनसाय के समाज में तो जैसे त्योहार का माहौल बन गया था, अपने दिन फिरने की आस में कई घरों से निकल कर मांदर की थाप गलियों में घुमड़ने लगी थी। सोनसाय को दादा के बताये किस्से याद आ रहे थे। जीवन के बीते वे कष्टकारक दिन आज किस्से ही तो हो गये थे, जिन्दा किस्से, जो अब भी दुहराये जा रहे थे। सोनसाय के दादा के समय गाँव में बीस-पच्चीस उराँव परिवार रहते थे, उनका व्यवसाय था कृषि। धान मुख्य फसल थी और दलहन में उड़द, चना, मसूर, कुरथी और तिलहन में सरसों, तिल और तीसी। कृषि पारम्परिक थी अत: उपज भी कम ही होती, गोबर खाद और प्रदूषणमुक्त मिट्टी इतनी उपज अवश्य देती जिससे परिवार का भरण-पोषण हो जाता, जरूरत से ज्यादा संचय न करने की प्रवृत्ति ठीक ही थी कि कभी असन्तोष उन पर हावी न हो पाता। निठल्ले युवकों की टोली अक्सर पहाड़ की ओर निकल जाती, कभी-कभी खाली समय पाकर बड़े-बूढ़े भी टोली में शामिल हो जाते। एक बार जोका ने तिर्की चिड़िया पर गुलेल से निशाना साधा, चिड़िया तो उड़ गयी लेकिन गुलेल की गोटी पेड़ की मोटी शाखा से टकराकर वापस लौट कर

जोका की आँख में धँस गयी, जोका दर्द से छटपटाने लगा, उसे किसी तरह गाँव वापस लाया गया। बहुत इलाज के बाद भी उसकी आँख नहीं बच पायी और वह उम्र भर के लिए 'काना' बन गया। गाँव में सब यह कहने लगे कि जोका का गोत्र तिर्की है, उसने अनजाने में सही अपने गोत्र के स्वामी पक्षी पर गुलेल चलाई थी उसे उसकी सजा इस रूप में मिली।

गाँव में उराँव परिवारों की संख्या ही अधिक थी, इनके अलावा दो-चार चिकवा, खैरवार और गोंड़ आदिवासी परिवार भी थे। सरना पूजा गाँव के सभी लोग एक साथ मनाते तो करमा त्योहार अलग-अलग जातियों के हिसाब से अलग-अलग समय और रीति-नीति से मनाये जाते। उराँव आदिवासी अपने गीतों में महात्मा गाँधी को स्मरण करते–"गाँधी रे, रे गाँधी बाबा, गाँधी बाबा दुनिया के आजाद कारय।" तो कभी सदियों से होता चला आया अपना शोषण, उत्पीड़न गीतों में मुखरित होने लगता–"इदनन ता राजी कीड़ा, नौरन पेसा मला चिअनर, रे, नौरन पेसा मला चिअनर। पेसा गा चिअनर गा बराबरी बखेरा होअनर हो, बराबरी बखेरा होअनर।" (इस बार सूखा पड़ा है, भुखमरी है, लेकिन राजा के सिपाही साल बीजों को बीनने से रोक रहे हैं, बीनने की अनुमति देते भी हैं तो बराबर हिस्सा ले लेते हैं।)

पूरा गाँव अभाव में जीते हुए भी खुशहाल था लेकिन कभी-कभी एक बात उन्हें सालती। पूजा-पाठ के लिए बैगा तो था लेकिन उसका कार्य क्षेत्र सीमित था, गाँव में एक मुखिया की कमी उन्हें महसूस होती। गाँव वालों में मुखिया बनने का साहस न था, यह संस्कार उन्हें पूर्वजों से प्राप्त था क्योंकि आदिवासी समाज मिलजुल कर जीवन जीने में विश्वास करता है, राजा बनकर हुक्म चलाना उन्होंने कभी सीखा ही नहीं था, यही एक बात थी जो उन्हें मुसीबत में डालने वाली थी; इस अनजान मुसीबत से बेखबर, वे अपने ही पैरों में कुल्हाड़ी मारने की तैयारी कर रहे थे। एक दिन चौपाल में सबने इस विषय पर बातचीत की और उन्हें एक विकल्प भी मिल गया।

गाँव से दस कोस दूर बिहार प्रान्त से आकर बसे कमलापुरी बनिया समुदाय की एक बस्ती आबाद थी। एक अच्छा दिन देख कर उराँव बस्ती से दस-पन्द्रह लोग बनिया बस्ती पहुँचे और बुज़ुर्गों के समक्ष अपने मन की बात रखी। पहले तो उन्हें विश्वास ही नहीं हुआ, विस्मय से उनकी आँखें फटी की फटी रह गयी, लेकिन थोड़ा विचार कर उन्होंने हामी भर दी। उन्हें आज अपनी इच्छित वस्तु

मिल गयी थी। तीन महीने बाद उन्हें बताये गये मुहूर्त पर उराँव बस्ती से लगभग चालीस-पचास लोग गाजे-बाजे के साथ पालकी में बिठाकर जागेश्वर बनिया को अपने गाँव ले आये। उनके लिए पहले से एक कोठरी लीप-पोत कर, गेरू रंग से चित्रकारी कर तैयार कर दी गयी थी। इस प्रकार जागेश्वर बनिया, गाँव का मुखिया बन गया। मुखिया को उपहारस्वरूप पाँच खेत, एक खलिहान और एक बाड़ी दी गयी, जागेश्वर की पत्नी का देहान्त पहले ही हो चुका था। कुछ दिन बाद जागेश्वर के परिवार के अन्य सदस्य भी आ गये, इसी क्रम में अगले तीन-चार वर्षों में कुछ और बनिया परिवार यहाँ आकर बस गये।

एक मुखिया के होने से गाँव में कितना बदलाव आ गया था। अब करमा, छेरता, नवाखाई के साथ गाँव में दिवाली, दशहरा पर्व भी मनाये जाने लगे, रंग-बिरंगा पंडाल गाँव के लोगों के आकर्षण का केन्द्र होता। आदिवासी मुहल्ले के बड़े-बूढ़ों को भी आमन्त्रित किया जाता, उन्हें दोने में आटे का हलवा परोसा जाता लेकिन वे संकोचवश खा नहीं पाते और धोती की छोर में गठिया कर घर ले आते, बच्चों को तो पहले से इसकी प्रतीक्षा रहती।

मुखिया के कुशल नेतृत्व में गाँव में सब ठीक ठाक चल रहा था, आदिवासियों के अपने आराध्य, बूढ़ादेव तो थे ही अब उन्हें सगुण ईश्वर के रूप में मुखिया मिल गये थे जो उनके सहायक तो थे ही, जो गलती करने पर अधिकारपूर्वक झिड़की भी देते। मुखिया के घर दो उराँव लड़के अब चाकरी करने लगे थे, जिन्हें 'हरवाह' कहा जाता। समय बीतता और बदलता चला गया, जागेश्वर बनिया भी स्वर्ग सिधार गये, अब जागेश्वर बनिया के पोते-परपोते रूढ़ियों को त्यागकर आधुनिक हो गये हैं, लेकिन विचारों से नहीं, हरवाह अब भी उनके घरों में काम करते हैं, उन्हें डाँट भी पड़ती है, गाली भी मिलती है। मुखिया के पोते कहते–"ठीक से काम करो, समझ में नहीं आता क्या! उराँव धंगरा कभी नहीं सुधरेंगे।" धंगरा शब्द उन्हें अपमानित करने के लिए बोला जाता, हरवाह इस बात को भलीभाँति समझते लेकिन कुछ जवाब नहीं दे पाते हाँ, उनके चेहरे की नसें अवश्य तन जातीं और उनकी कुदाल और तेज चलने लगती।

अब सोनसाय चुनाव जीत कर सरपंच बन गया है अब वही गाँव का मुखिया है, वह सोच रहा है क्या वह अपना दायित्व निभा पायेगा, अपने बाप-दादाओं की जमीन जो बनियों के खातें में चली गयी है उन्हें वापस करा पायेगा। पिछला सरपंच भी तो आदिवासी था, उसका क्या हाल हुआ, सी-सी

रोड बना, नाले पर रपटा पुलिया बना लेकिन वह पुलिया पहली बरसात में ही बह गया। गरीबी रेखा कार्ड भी बनिया बस्ती में अधिक बाँटे गये, निराश्रित पेंशन का लाभ भी उनके पात्रों को नहीं मिला और इन सबका दोष सरपंच के माथे मढ़ दिया गया। सरपंच को जब कुछ समझ में नहीं आता तो वह ठर्रा पीकर बड़बड़ाते हुए सो जाता, पता नहीं उस पर कैसा बोझ था, किसका दबाव था कि वह नींद में अक्सर बड़बड़ाता–"पत्थर हटाओ, पत्थर हटाओ, यह मुझे दबा देगा।" पत्नी उसे झिंझोड़कर उठाती और कहती–"बड़का सरपंच बने हो, एक सोने की तरकी के लिए तरस गयी, मुझे क्या मिला। जब देखो बनिया लोगों की आवाजाही लगी रहती है, बस उन्हें चाय-पानी पिलाते रहो।"

विनायक साव को लोग 'चतुर' बनिया कहते, यह तो जैसे उसका उपनाम बन गया था। सोनसाय के पिता को पशुपालन का बड़ा शौक था, शौक ही नहीं यह उनकी जरूरत थी, दो गोशाले थे एक बैलों के लिए और एक गाय और बछड़ों के लिए, चार बकरियाँ ओसारे में बँधी रहतीं। बालक सोनहा, बछड़ों के साथ ही खेलता, उछल-कूद करता, सोनसाय को उसकी माँ सोनहा कह कर ही पुकारती। चतुर बनिया सुबह ही लोटा लेकर आ धमकता और भिटकुरे पर बैठ जाता, और इधर-उधर की बातें करता रहता, जब तक पिता गायों को दुहते तब तक सोनहा बछड़ों के साथ खेलता। दूध दुह लिए जाने के बाद बछड़े दौड़ कर अपनी माँओं के पास जाते और धुनक-धुनक कर निचुड़ी थन चूसते। चतुर बनिया सूपे में लोटा उँडेल देता और एक लोटा चावल के बदले लोटा भर दूध ले जाता। सोनसाय के पिता गोपालक के साथ छोटे किसान भी थे, खेत अधिक न थे अत: उपज थोड़ी होती, वहीं चतुर बनिया के कई एकड़ खेत थे पर वह खुद तो हल नहीं चलाता, पर हरवाहों की कड़ी मेहनत से अच्छी फसल हो जाती; अपने हाथों से बिना जोते-बोये ही वह गाँव का बड़ा किसान था। उसके लिए एक लोटा मोटा चावल बड़ी बात न थी, लेकिन सोनसाय के पिता के लिए तो बड़ी बात थी।

चतुर बनिया के खेतों की उपज बढ़ती जा रही थी; उसके खेतों के धान खूब हरे-भरे होते, न जाने वह हरवाहों की मेहनत थी या कि सरकारी खाद का कमाल था। इस साल जब धान की पैदावार अधिक हुई और खलिहान में जगह कम पड़ने लगी तो चतुर बनिया ने सोनसाय के पिता से एक दिन कहा–"ए भाई! सुन तो तेरा खलिहान तो बहुत बड़ा है, खलिहान के एक कोने में ही

तुम्हारे खेतों से लाये गये धान रखे रहते हैं, बाकी जगह खाली पड़ी रहती है, तुम कहो तो एक किनारे मैं भी अपने धान मिसवा लूँ।"

सोनसाय के पिता ने कुछ सोचते हुए–"हाँ ठीक है, जगह तो खाली ही रहती है, मुझे कोई दिक्कत नहीं है। फिर हम गाँव-घर के लोग ही तो एक-दूसरे के काम आयेंगे।"

अब हर साल चतुर बनिया की धान मिसाई सोनसाय के पिता के खलिहान में ही होने लगी, साल में बस एक ही बार तो मिसाई होती थी भला इसमें सोनसाय के पिता को क्या परेशानी होती। हाँ परेशानी तो तब आयी जब वर्षों बाद सोनसाय को चचेरे भाई ने यह कहा–"तहसील ऑफिस जाकर पता कर लो कहीं तुम्हारा खलिहान चतुर साव के खाते में तो नहीं चढ़ गया है।"

सोनसाय–"ऐसा कैसे हो सकता है, ये तो हमारे पुरखों का बनाया खलिहान है, वहीं खेलते-कूदते मैं बड़ा हुआ हूँ। पिता के जीवित रहते चतुर साव हमारे खलिहान में धान मिसाई करवाता रहा लेकिन इससे क्या हमारा खलिहान उसके खाते में चढ़ जायेगा।"

भाई ने कहा–"तुम पता करवा लेना हमारे गाँव में कई लोगों के साथ जमीन को लेकर धोखाधड़ी हो रही है।" अब सोनसाय को कुछ-कुछ बातें समझ में आने लगी थीं, वह बचपन से चतुर साव और उसकी चतुराई को देखता आ रहा था, कई बार तो आधा लोटा चावल के बदले वह लोटा भर दूध ले जाया करता था।

कई दिनों के उहापोह के बाद सोनसाय ने सोचा कि आज वह चतुर साव से वस्तुस्थिति पूछ ही लेगा पर यह बात भी मन में आयी कि चतुर साव क्या सारी बातें ठीक-ठीक बता देगा। खैर सोनसाय संध्या समय चतुर साव के घर पहुँच गया, चतुर साव– "अरे! सोनसाय आओ, बैठो, कहो कैसे आना हुआ। अब तो मैं भी बूढ़ा हो चला हूँ, जाँगर नहीं चलती, पहले जब तुम्हारे खलिहान में हमारे धान की मिसाई होती थी तब पूरा समय वहीं बीतता था। तुम्हारे पिताजी के जाने के बाद तुम्हारे यहाँ आना-जाना ही नहीं हो पाता।"

सोनसाय–"हाँ, आप ठीक कह रहे हैं।"

फिर बात आगे बढ़ाते हुए सोनसाय ने कहा– "मैं एक काम से आया हूँ, मुझे कहीं से पता चला कि हमारा खलिहान शायद आपके नाम चढ़ गया है। वैसे तो जब तक कोई गड़बड़ी न हो कोई अपनी जमीन की नपाई नहीं

करवाता, अपने ही खेत-खलिहान में काम करते हुए अपनी जमीन तो अपनी ही लगती है।"

सोनसाय की बातें सुन कर चतुर साव थोड़ा सकपका गया, उसने सोनसाय को समझाने के लहजे में कहा–"अरे मुझे भी चार साल पहले पता चला कि कुछ गड़बड़ी हो गयी है, तुम चिन्ता न करो, गड़बड़ी हुई भी होगी तो सब ठीक हो जायेगा, थोड़ा बहुत खर्चा पानी होगा तो कर देना।"

सोनसाय के जबड़े भिंच गये, अरे मेरा खलिहान अगर गलती से चतुर साव के खाते में चढ़ गया उसे ठीक कराने में मुझे पैसे खर्च करने पड़ेंगे! पर सोनसाय कुछ न बोल सका। कुछ देर इधर-उधर की बातें होती रहीं, सोनसाय कुछ देर बाद वापस जाने के लिए उठ खड़ा हुआ।

अब सोनसाय को कुछ-कुछ समझ में आने लगा था कि उसके पिता जब बीमार हुए तो कई बार कहा था–"जमीन का नापी कराना है, कहीं कोई हेर-फेर तो नहीं हो गया है।" पर सोनसाय समझता कि तबीयत ठीक न होने के कारण पिता बहकी-बहकी बातें करने लगे हैं, तो क्या पिता को यह बात पता थी, अगर पता थी तो उन्होंने समय रहते ठीक-ठीक बताया क्यों नहीं। खैर अब तो पिता रहे नहीं, छानबीन तो अब मुझे ही कराना होगा; सोचते हुए सोनसाय घर की ओर चल पड़ा।

सोनसाय खटिया पर लेटे-लेटे सोच रहा है किसी दिन वह बहनोई जोका को साथ लेकर तहसील ऑफिस जायेगा, पटवारी के तो कई चक्कर लगाने पर भी घर पर नहीं मिला। जोका अब एक आँख से ही देख पाता है लेकिन उसकी जैसे कोई तीसरी आँख खुल गयी थी, शेखी बघारना, आवारागर्दी तो जवानी के शगल थे, लेकिन उम्र के ढलान की ओर अग्रसर जोका बड़ी-बड़ी और समझदारी की बातें करने लगा था। बिरसा मुंडा, ताना भगत, लागुड़-बिगुड़ की बहादुरी के किस्से वह रुचि ले लेकर बच्चों को सुनाता, गाँव के बड़े-बूढ़े भी कभी-कभी उसकी गम्भीर बातें सुनकर सिर हिलाते। दो साल कलकत्ते में रह कर मजदूरी करना फिर तीन साल असम के चाय बगान में काम करना उसके लिए अच्छा ही रहा, अक्ल तो ठिकाने आयी ही बोलने-बतियाने का तौर-तरीका भी वह सीख गया था।

सोनसाय की आँखों से नींद कोसों दूर थी, वह मन ही मन कई योजनाएँ बनाता रहा, पति-पत्नी दोनों बी. ए. पास हैं, पत्नी की समझदारी पर भी उसे

भरोसा है, थोड़ा सोते थोड़ा जागते कब सुबह हो गयी उसे पता ही नहीं चला, मुर्गे की बाँग सुनकर उन्नींदा सा वह छत की ओर देखने लगा, मुँह-हाथ धोने के बाद सोनसाय गली में टहलने लगा, सूर्योदय की दिशा में लालिमा छाने लगी, कुछ देर में सूर्य की किरणें खपरैल की छत को भेद कर घर में प्रवेश करेंगी और रोशनी की एक पारदर्शी डोर घर में उजाला भर देगी। सोनसाय मन ही मन मुस्कुराने लगा, बस्ती से किसी मंदरिहा के मांदर की थाप रुक-रुक कर अलसुबह लोगों को जगाने लगी थी।

बँसफूला

आज नगर में कितना सन्नाटा है, रात में हुए दंगे के बाद धारा 144 लगा दी गयी है। क्या प्रेम में किसी बंधन का स्थान है कि वह एक ही जाति, एक ही धर्म, एक ही समुदाय के दो व्यक्तियों के बीच ही हो? समाज के पहरेदार तो यही चाहते हैं, अव्वल तो वे चाहते ही नहीं कि दुनिया में, प्रेम जैसी कोई नायाब चीज बची रहे, वे नादान है जो दुनिया को नफ़रत से चलाना चाहते हैं, बार-बार मुँह की खानी पड़ती है लेकिन रस्सी के जल जाने के बाद भी ऐंठन बनी ही रहती है।

तोते ने मैना से कहा–"क्यों प्रिये हम दोनों भी तो अलग-अलग जाति से हैं, मैं तोता, तुम मैना फिर भी हमारे बीच कितना प्रेम है। हमारे पुरखों ने भी तो ऐसा ही प्रेम किया था, तभी तो तोता-मैना की कहानी आज भी पुरानी नहीं हुई, उसकी मिशाल दी जाती है, जब तक दुनिया रहेगी, तोता-मैना की कहानी नयी-नयी होती जायेगी।" मैना ने गाते-गाते ही मधुर स्वर में कहा–"आज गाते हुए मेरा मन ही नहीं भर रहा, हर रोज तो नगर में चिल्ल-पों मची रहती है, गाने की साध मन में ही दबी रह जाती है, कभी-कभी तो कोई हमारे झुंड पर पत्थर ही दे मारता है, किसी तरह जान बची तो ठीक, ऐसे में कोई गाये कि जान बचाये। आज सब अपने-अपने घरों के भीतर हैं, कोई शोरगुल नहीं, कितना सुकून है न! अहंकार में डूबे लोगों को एक अदृश्य कोरोना वायरस ने आईना दिखा दिया।" तोता बाँस की पतली डंडी पर झूला झूलते हुए अपनी लाल-लाल चोंच से मैना की पूँछ को स्पर्श करते हुए चुहल करने लगा।

अभय और नाज़नीन का हफ्ते भर से कोई अता-पता नहीं है, दोनों के घरवाले एक-दूसरे के ख़ून के प्यासे बने हुए हैं, उनके विरोध और समर्थन में दो समुदायों के बीच तनातनी बनी हुई है। अभय और नाज़नीन को इस बात का अन्दाजा पहले से था इसलिए वे ऐसे गायब़ हो गये जैसे गधे के सिर से सींग। अगर किसी को उन दोनों की ख़बर है तो बस तोता-मैना की इस जोड़ी

को, जो सुदूर वन प्रान्तर के एक ऐसी जगह से आये हैं जिसकी खूबसूरती को देख कर अँग्रेजों ने कहा था–"वाव ब्यूटीफुलप्लेस, नेचर्स हार्ट।"

जो जगह इतनी खूबसूरत हो जहाँ सात-सात पहाड़ों के पीछे से बालसूर्य, अपने नन्हे-नन्हे कदम पर्वतों के कन्धों पर रखता हुआ, अपनी आँखें मलता, उन्नींदा सा पहाड़ की सबसे ऊँची चोटी पर डगमगाते कदमों से खड़ा होकर मंद-मंद मुस्कुराने लगता है, जिसे सैकड़ो पर्यटक 'खूबसूरत सनराइज' कहते हुए अपने-अपने होटलों को लौटते हुए उल्लास से भर जाते हैं, जहाँ चिरपाइन के जंगल यहाँ-वहाँ अपनी छटा बिखेरते हुए दीख पड़ते हैं तो जगह-जगह मौसम के अनुसार नाशपाती के पेड़ सुन्दर सफेद फूलों से लद कर पर्यटकों का मन मोह लेते हैं तो, कभी गदराये फलों से डालियाँ झुक-झुक जाती हैं। कोयल नदी मेखलाकार हो वनप्रान्तर का शृंगार करती हैं और पागल हवा चाहकर भी चिरपाइन के पेड़ों को झुका नहीं पाती।

प्रेम और सौन्दर्य का नाता सदियों पुराना है, उसे तो इन खूबसूरत वादियों में प्रस्फुटित होना ही था। राजकुमारी मैगनोलिया छींटदार फ्रॉक पहने, सिर पर हैट, घुटनों तक चमड़े के चमचमाते जूते और हाथों में हंटर लिए जब घोड़े को चाबुक मारती तो घोड़ा हवा से बातें करने लगता। आदिवासी स्त्रियाँ अपने घरों की ओट से राजकुमारी को देख कर धन्य हो जातीं पर आदिवासी पुरुष राजकुमारी की ओर देखने की हिम्मत तक नहीं कर पाते वैसे भी प्रकृति ने उन्हें कोई चोर नजर दी ही नहीं थी, वे जिस सौन्दर्य को देखते भरपूर नजर से देखते, उनके लिए वनफूलों, पक्षियों, हिरनों, मछलियों का सौन्दर्य ही पर्याप्त था।

तोते की बातें सुनते हुए मैना की आँखें भर आयीं। क्या यह प्रेम का अन्त था जब राजकुमारी मैगनोलिया ने पश्चिम दिशा की उस पहाड़ी खाई से कूदकर अपनी जान दे दी थी, उसका मूक साक्षी उसका कत्थई रंग का घोड़ा था जो उस खाई की कगार पर खड़ा पूरी रात आँसू बहाता रहा, उसके बाद उस घोड़े को किसी ने नहीं देखा, जाने वह किस अनंत यात्रा पर, किस रास्ते चला गया। उसी जगह पर पर्यटक जैसे रोज संध्या को एकत्र होकर मैगनोलिया और गूंगे चरवाहे के प्रेम में नतमस्तक होते हैं, जैसे उन्हें श्रद्धांजलि दे रहे हों और मुँह से निकलता है–"वाव कितना खूबसूरत सनसेट" लेकिन सूरज कभी नहीं डूबता, जैसे प्रेम का अन्त कभी नहीं होता, दोनों शाश्वत हैं, इसीलिए तो गूंगे चरवाहे और राजकुमारी मैगनोलिया का प्रेम और तोता-मैना का प्रेम अमर हो गया।

बिन माँ-बाप के उस गूंगे बच्चे को उसके मामा-मामी ने पाल-पोस कर बड़ा किया था, पेज-पसिया और कंदमूल में जाने कैसी पौष्टिकता थी कि बालक की आँखें चमकीली, बाल घुँघराले, चमकदार और शरीर गठीला बन गया, लेकिन कुदरत ने उसके साथ निष्ठुरता भी तो की थी उसकी आवाज छीनकर, पर बालक ने अपने हुनर से उस कमी को भी बाँसुरी की मधुर स्वरलहरी से जैसे पूर्ण कर लिया था। चारों ओर फैली हरियाली जैसे गाय-बैलों को सम्मोहित करती थी, वे एक अनुशासन में आस-पास विचरते हुए, पेड़ों की छाँव तले बैठ कर जुगाली करने लगते, वह बाँसुरी से निकली मधुरता ही थी कि वह गूँगा चरवाहा सबका चहेता बन गया था, लोगों ने उसे खूबसूरत नाम से नवाजा था– बँसफूला।

मैगनोलिया को डूबता सूरज बहुत भाता, वह अक्सर संध्या को पश्चिम में भागी चली जाती लेकिन पहाड़ के पीछे, सूरज के छिप जाने के बाद उदास हो वापस लौट पड़ती। एक दिन वापस लौटते हुए उसे बाँसुरी की मर्मस्पर्शी स्वरलहरी ने विस्मित कर दिया। मैगनोलिया अपने अत्याधुनिक ढंग से सजे बड़े हॉल के बीचोबीच रखे पियानों पर झुकी कोई अनजानी खूबसूरत धुन निकालने की कोशिश करती लेकिन हर बार असफल हो खीझ कर पैर पटकती हुई तेज कदमों से बाहर निकल जाती, उसका सारा गुस्सा घोड़े की पीठ पर उतरता। आज बाँसुरी की उस धुन को सुनकर उसे लगा, यह तो उसकी मनपसन्द धुन है जो जाने कब से उसके मन में, मान किये बैठी है जो पियानों पर भी कभी नहीं रीझी।

बँसफूला, राजकुमारी को अपने घोड़े पर सवार अपने बिल्कुल पास देख कर थोड़ा भी नहीं झिझका, न घबराया, वह अक्सर दूर से राजकुमारी को अस्ताचल में सरपट दौड़ते घोड़े पर सवार देख चुका था। अपने सम्मुख परी सी सुन्दर राजकुमारी को देख उसे नानी की सुनाई कहानी याद आ गयी, जिसमें सुनहरे बालों वाली राजकुमारी अपने प्रियतम की खोज में जंगल-जंगल भटकती फिरती थी।

राजकुमारी का अस्ताचल से लगाव बढ़ता ही जा रहा था वह अब प्रत्येक संध्या पगडंडी पर दिखाई देती अब घोड़ा सरपट नहीं दौड़ता, कभी उसकी चाल धीमी हो जाती तो कभी वह दो पल के लिए पगडंडी पर खड़ा हो जाता। राजकुमारी देर तक अस्ताचल में सूरज को देखती रहती, अब उसे घर वापस

आने में देर हो जाती, पिता मि. गिब्सन बेटी से कहते– "मेरी प्रिंसेस, प्यारी बेटी! इतनी देर तक बाहर रहना ठीक नहीं। माना कि इस देश पर हमारा राज है, हम यहाँ के शासक हैं, लेकिन स्थानीय आदिवासी बड़े स्वाभिमानी हैं, मैंने उनकी आँखों में चिंगारी देखी है, तुम जल्दी घर लौट आया करो।" मैगनोलिया, पिता की बातें अनसुनी कर देती और पिता, बेटी के लाड़-प्यार में इसे कभी गम्भीरता से नहीं लेते।

प्रेम की भाषा विलक्षण होती है लेकिन प्रेमी अबोले ही सब समझ जाते हैं, बँसफूला मैगनोलिया की आँखों का प्रेम समझने लगा था और मैगनोलिया का प्रेम तो आँखों से उतर कर बाँसुरी की तान में बह कर पूरे जंगल की हरियाली को और गहरा करने लगा था।

चरवाहा और राजकुमारी का प्रेम, जहाँ कोई मेल नहीं, जैसे चाँद और चकोर का प्रेम, जैसे बादल और पपीहा का प्रेम, जैसे कुमुदिनी और चाँदनी का प्रेम, पर उन्हें किसी बात की परवाह नहीं थी, उनके लिए प्रेम का अर्थ बस प्रेम ही था, दुनिया इसे कब मानने वाली थी। मैना ने तोते को टोकते हुए कहा– "अब आगे की कहानी मत सुनाओ, मेरा मन उदास होने लगा है।" तोता– "नहीं अधूरी कहानी अच्छी नहीं होती, तुम्हें पूरी कहानी सुनना होगा प्रिये।"

अब बँसफूला की बाँसुरी की धुन, राजकुमारी मैगनोलिया के सिर चढ़कर बोलने लगी, बँसफूला, राजकुमारी के प्रेम के सामने पहले ही घुटने टेक चुका था। एक दिन बाँसुरी की मोहक तान जैसे जादुई हो गयी और मैगनोलिया, बँसफूला के कन्धे पर सिर टिकाये अपनी सुध-बुध खो बैठी। बँसफूला ने बेंदों फूलों से राजकुमारी की टोकरी भर दी, तोते की चोंच की रंगत वाले लाल-पीले फूलों की लताएँ साल वृक्ष के मोटे तने से लिपट कर झूम उठी, गाय-बैल स्वत: ही अपने चिरपरिचित पगडंडी पर चलते हुए अपने आसरे तक पहुँच गये और चरवाहे की बाँसुरी जंगल के कानों में कर्णमधुर रस घोलने लगी।

बँसफूला और मैगनोलिया का प्रेम जंगल की आग की तरह धीरे-धीरे सुलग कर सर्वत्र फैलने लगा, पर लोगों में इतनी हिम्मत नहीं थी कि वे अपना मुँह खोलते। बँसफूला को मामा-मामी ने बहुत समझाया, डराया, लेकिन बँसफूला पर कोई असर नहीं हुआ, उसका गूँगापन इस समय उसका सहायक था, आख़िर उसके पास भला क्या जवाब था।

मैगनोलिया तो अपने चरवाहे प्रेमी का नाम भी नहीं जानती थी, वह पूछे

भी तो किससे। आदिवासी जीवन में प्रकृति रची-बसी होती है, पेड़-पौधे तो उनके जीवन का आधार ही होते हैं, बाँस की भी उनके जीवन में महत्त्वपूर्ण भूमिका होती है। बिन माता-पिता के उस बालक को अपनी नानी से बड़ा लगाव था, जब उसकी नानी बाँस के कोमल कोंपलों को छुरी से छीलती, साफ करती तो नन्हा बालक बस पास बैठ कर टुकुर-टुकुर देखता रहता। नानी जैसे एकालाप करती– “तुम्हें बँसफूल पसन्द है न! मैं इसकी तरकारी बनाऊँगी, कुछ सुखा कर रखूँगी जो सालभर हमारे खाने के काम आयेगा।” नन्हा बालक अपनी ही दुनिया में खोया बाँस की ऊँची शाखों को देखता तो कभी जमीन पर पड़ी हरी डंडियों को छूता। नानी यह कहती हुई बालक के हाथों से बाँस की डंडियों को अलग करती– “मत छुओ, चोट लग जायेगी।” जब वह बालक बड़ा हुआ तो बाँस के प्रति उसका लगाव बाँसुरी बन कर उसके होंठों से लग गया।

वसन्तागमन का समय है, कहीं-कहीं महुआ अधीर हो टपकने लगे हैं तो कहीं शरमाये- सकुचाये कोंचों में ही दुबके हुए हैं, महुआरी मादक गंध से गमक उठी है। मैगनोलिया महुए को देख कर एक लम्बी साँस खींचती और बँसफूला उसकी हथेली पर रसीले महुए के फूल रख देता, मैगनोलिया जब आँखें खोलती तो महुए के फूल उसे स्वर्गिक वस्तु की तरह लगते। सालवनों में जब फूलों के खिलने का समय होता तो दूधिया फूल मैगनोलिया के बालों की शोभा बढ़ाते, साल बीजों का गोलाकार नृत्य करते हुए, चक्कर खाते हुए जमीन पर गिरना तो मैगनोलिया को रोमांचित ही कर देता। बँसफूला, मैगनोलिया के चेहरे को एकटक अपनी मासूम आँखों से बस देखता रहता, जब मैगनोलिया अपने प्रेमी को अपनी ओर बुत की तरह बैठे देखते हुए देख लेती तो अपनी हथेली उसकी आँखों के सामने नज़ाकत से फिरा देती और बँसफूला बस झेंप जाता।

आदिवासियों का काला रंग बेगार कराने में अँग्रेज सिपाहियों का साथ देता, आदिवासियों के लिए उनकी घृणा आँखों में उतर आती, वे हंटर मारते और उनकी पीठ पर गहरी बैगनी धारी उभर आती, अगर कोई कामगार आँख उठा कर देखने की हिमाक़त करता तो सिपाही उसे देशद्रोही कह कर आँख निकाल लेने को तैयार हो जाते। जंगल में आग लग चुकी थी, एक ओर प्रेम की आग थी तो दूसरी ओर विद्रोह की आग, जिसकी तपिश में गाँव के गाँव झुलसने लगे थे। अँग्रेजी हुकूमत इतनी ताकतवर थी कि जंगल की इस आग

को चुटकियों में बुझा सकती थी लेकिन कुशल शासक वर्ग बड़ी चालाकी से स्वयं को दीर्घजीवी बनाता रहता है।

जंगल की आग का धुआँ अब पूरे क्षेत्र में फैलने लगा था, आँखें जलने लगी थीं। शेलेहाउस के सामने पत्थरों से दो समानान्तर खम्भे बनाये जा रहे थे, एक खबर दबी ज़ुबान से फैलती हुई लोगों को भयभीत कर रही थी कि आनेवाले समय में, ये खम्भे कई-कई आंदोलनकारियों की फाँसी के गवाह बनेंगे। प्रजा की लाचारी कभी उसे मूक बलि पशु बना देती है तो कभी उसका साहस उसे विद्रोही बना कर राजा के सम्मुख खड़ा कर देता है। अँग्रेज सिपाहियों के हंटर की मार खाते-खाते आख़िर एक दिन लोगों ने देखा, एक खुला फाँसी का फन्दा दो खम्भों के बीच लटका दिया गया है। दूरदराज के आदिवासी बस्तियों में अक्सर देर रात तक मिट्टी के दीये टिमटिमाते रहते, कई-कई काली आँखों की उम्मीद भरी निगाहें दीये की लौ के साथ कभी तेज तो कभी मद्धिम होने लगती।

एक दिन सिपाहियों ने जंगल के रास्ते से कुछ ग्रामीण युवकों को पकड़ लिया, उन युवकों को समझ में नहीं आया कि उनका दोष क्या है, उनके हाथों में कुल्हाड़ियाँ ही तो थीं, वे बरसात के पहले अपने घरों के छप्परों की मरम्मत के लिए बाँस काटने जा रहे थे, इसमें उनका क्या दोष था, अगर वे खुद को निर्दोष भी बताते तो उनकी सुनने वाला कौन था। एक युवक ने हिम्मत करके मुँह खोला– 'साहेब' लेकिन उसके मुँह से निकला एक शब्द हंटर की 'शटाक' में दब कर घुट कर रह गया।

एक दिन बँसफूला भी अँग्रेज सिपाहियों का निशाना बन गया, वह समझ गया कि उसे किस जुर्म की सजा मिलने वाली है। उसे थानेदार के सामने पेश किया गया, यह जानते हुए भी कि बँसफूला गूँगा है, थानेदार ने कई-कई सवाल दागे, गुस्से में उसकी लाल आँखें, आग बरसा रही थीं, एक मामूली गूँगे चरवाहे ने राजकुमारी मैगनोलिया से प्रेम किया था, यही तो उसका अपराध था। अँग्रेज अधिकारी ने दहाड़ा– "तुम बाँसुरी क्यों बजाता है, साहब का नींद ख़राब करता है, तुम्हें इसकी सजा जरूर मिलेगी।"

मैगनोलिया बावरी सी कई दिनों तक जंगल में भटकती रही लेकिन बँसफूला का कहीं पता नहीं चला। पिता मि. गिब्सन ने बेटी की दशा को भाँपते हुए कहा– "बेटी तुम कुछ दिनों के लिए कलकत्ता चली जाओ, जी अच्छा हो जाये तो वापस चली आना।" मैगनोलिया ने, न चाहते हुए भी पिता

की बात मान ली और संक्षिप्त-सा जवाब दिया– “हूँ”।

बँसफूला को जिस दिन फाँसी दी जानी थी, उसके पूर्व संध्या उसकी अन्तिम इच्छा पूछी गयी। बँसफूला ने इशारे से अँग्रेज अधिकारी से अपनी बाँसुरी की माँग की और अस्ताचल की ओर अपना चेहरा घुमा कर खड़ा हो गया। उसकी अन्तिम इच्छा तो पूरी करनी ही थी, यह फाँसी का क़ायदा था। संध्या के झुटपुटे अंधेरे में घोड़े पर सवार और कुछ पैदल मानव आकृतियाँ अस्ताचल की ओर जाती हुई दिखाई पड़ीं, सूरज पहाड़ के पीछे जा चुका था। एक चट्टान के पास पहुँच कर बँसफूला रुक गया, उसे उसकी बाँसुरी दी गयी, बँसफूला ने कातर दृष्टि से बाँसुरी को देखा, उसे चूमा और होंठों पर धर कर वही धुन निकाली जिसे सुन कर मैगनोलिया अपनी सुध-बुध खो बैठती थी। पुलिस कमिश्नर को भला, अब बाँसुरी की धुन पर क्या ऐतराज़ होता, वह धुन सैकड़ों मील दूर मैगनोलिया के कानों तक कहाँ पहुँच सकती थी।

आज बँसफूला की बाँसुरी से करुण राग फूट रहा था, जैसे कोई बाँसगीत बज रहा हो लेकिन वह शोकगीत नहीं था, मैगनोलिया के प्रेम ने उसके मन से मृत्यु का भय पहले ही निकाल दिया था। सुबह उस चट्टान पर बँसफूला का अंगरखा पड़ा हुआ पाया गया जिसके छोर में एक अँगूठी बँधी पाई गयी, बँसफूला पर इल्ज़ाम था कि उसने अँग्रेज अधिकारी के घर से उसकी बेटी की, हीरे की अँगूठी चुराई थी।

अपना-अपना फैसला

कृष्णा आईने के सामने आधे घंटे से खड़ी है। वह अपनी सूरत और रंगत को नहीं समय के रंग को देख रही है जो कभी काला तो कभी सफेद रंग बदल रहा है। क्या आदमी के रूप-रंग में इतनी ताकत होती है कि वह किसी का पूरा जीवन ही बदल दे? बचपन में सब उसे कल्लो कह कर चिढ़ाते, वह चिढ़ती जरूर लेकिन थोड़ी देर में सब सामान्य हो जाता। जब वह नवें दर्जे में पढ़ने दो किलोमीटर दुर दूसरे गाँव के स्कूल जाने लगी तब उसे कल्लो कह कर पुकारना खटकने लगा था। उसे समझ में आने लगा था कि काला रंग और अति साधारण नाक-नक्श कैसे उसे सहेलियों के बीच अकेला खड़ा कर देता। पढ़ाई में अच्छा होना और खेलकूद में रुचि कृष्णा का क़द जरूर ऊँचा कर देती, उसके शिक्षक जब कहते– कृष्णा तुम पी. टी. उषा की तरह अपने माता-पिता का नाम रौशन करोगी, तो वह फूली न समाती। एक छोटे से गाँव कांसबहार की कृष्णा अपने सपनों को साकार करने कॉलेज की पढ़ाई के लिए भोपाल जा पहुँची। जशपुर क्षेत्र के उराँव आदिवासी पढ़ाई के प्रति अत्यंत जागरूक हैं, उन्हीं की देखादेखी अन्य आदिवासी जातियों के लोग भी अपने बच्चों को सागर, भोपाल, जबलपुर जैसे बड़े शहरों में पढ़ने के लिए भेजने लगे। कृष्णा साधारण किसान की बेटी थी लेकिन पढ़ाई और खेलकूद में उत्कृष्ट प्रदर्शन के बदले आसपास के गाँवों से मिलने वाली प्रशंसा ने पिता को शहर में पढ़ाने-लिखाने को प्रेरित किया।

बी. ए. की पढ़ाई पूरी कर कृष्णा ने पी. एस-सी. कोचिंग ज्वाइन कर ली। कोचिंग संस्थान में कितने विद्यार्थी तो ऐसे थे कि उनके चेहरे पर डिप्टी कलेक्टरी का रुवाब अभी से दिखाई देने लगा था। कुछ ऐसे थे जो अपनी ही दुनिया में खोये रहते, किसी के टोकने पर भी बस देख लेते कहते कुछ भी नहीं। इसी संस्थान में रूपेश कुमार भी पढ़ाई कर रहा था, नाक-नक्श साधारण ही थे लेकिन ऊँची कद काठी, गाोरा रंग, घुँघराले बाल उसे एक अलग पहचान देते।

कृष्णा और रूपेश का कोई मेल नहीं था फिर भी दोनों साथ-साथ दिखते, कभी कैंटीन में तो कभी सिटी बस की प्रतीक्षा करते हुए सड़क पर।

कृष्णा मेधावी थी तो रूपेश भी उन्नीस नहीं था, सम्भवत: इसी एक बात के कारण दोनों में मित्रता हुई थी। कृष्णा और रूपेश हमेशा पढ़ाई की बातें करते, फालतू बातों में समय बर्बाद न करते। एक दिन परीक्षा फार्म भरते हुए कृष्णा को पता चला कि रूपेश आदिवासी समुदाय से है, कृष्णा को तो विश्वास ही नहीं हुआ। उसने सकुचाते हुए रूपेश से पूछा –"रूपेश तुम भी आदिवासी हो?"

रूपेश ने भाव खाते हुए कहा– "नहीं, मैं तो ठाकुर हूँ। (फिर थोड़ा रुक कर) आदिवासी ठाकुर।" फिर दोनों जोर से हँस पड़े। लेकिन हँसते हुए कृष्णा की नजर रूपेश के गालों में हँसते हुए बन आये गड्ढों पर टिक गयी, कृष्णा जैसे हँसना भूल गयी। रूपेश ने चुटकी बजाते हुए कहा– "कृष्णा जी कहाँ खो गयीं आप? कृष्णा झेंप गयी और खुद को सँभालते हुए जवाब दिया– "कहीं नहीं, यहीं तो हूँ तुम्हारे सामने।" दोनों के चेहरे पर एक हल्की मुस्कान फैल गयी। दोनों का सपना था डिप्टी कलेक्टर बनना लेकिन दोनों की रैंकिंग अच्छी नहीं आयी और दोनों ने नायब तहसीलदार के पद पर ही सन्तोष कर लिया।

पद और प्रतिष्ठा व्यक्ति में आत्मविश्वास भर देता है। कृष्णा की आँखों में अब ज्यादा चमक दिखाई देती, बोलने का ढंग भी बदल गया था। नौकरी ज्वाइन करने के बाद जब वह पहली बार गाँव गयी तो माता-पिता, भाई-बहनों की खुशी का ठिकाना नहीं था, वहीं गाँव वालों का प्यार भी कृष्णा के प्रति उसके स्वागत में किये जा रहे नृत्य और लोटे में रखे पानी में आम के पत्तों को डुबा कर छिड़कते पानी के बूँदों में साफ-साफ दिखाई पड़ रहा था। हफ्ते भर गाँव में रहने के पश्चात् जब कृष्णा शहर जा रही थी उसके मन में कुछ उधेड़बुन चल रही थी। अनुभवी माँ की आँखों ने कृष्णा का चेहरा पढ़ लिया था और माँ का दिल जाने क्यों सशंकित होने लगा था, सन्तान चाहे बदसूरत भी हो तो भी माता-पिता के लिए वह दुनिया का सबसे खूबसूरत चेहरा होता है। माँ ने खुद को मन ही मन समझाते हुए तसल्ली दी कि अब उसकी बेटी को कोई कल्लो तो नहीं कहेगा।

कृष्णा बचपन से ही लगनशील थी चाहे खेलकूद हो, कॉलेज की पढ़ाई हो या नौकरी, इसी गुण के कारण वह दफ्तर में लोकप्रिय थी। काम का दबाव

इतना था कि उसे कुछ और सोचने का मौका ही न मिलता, लेकिन कृष्णा के अवचेतन मन में क्या चल रहा था उसे भी पता न था।

कई महीने बीते एक दिन कृष्णा की मुलाकात रूपेश से हो गयी। स्टेशन पर एक-दूसरे को आमने-सामने देख कर वे बहुत खुश हुए, खड़े-खड़े ही जाने कितनी बातें हो गयीं। कई गाड़ियाँ स्टेशन पर रुकीं और चली गयीं, इतने शोरगुल के बीच भी कृष्णा रूपेश से बातें करते हुए अपने मन से आती अस्पष्ट आवाज को स्पष्ट रूप से सुन पा रही थी। महिला अनाउन्सर की मीठी आवाज "कटक से दिल्ली की ओर जाने वाली कटक एक्सप्रेस प्लेटफार्म नम्बर दो पर आ रही है।" सुन कर कृष्णा और रूपेश ने अपना बैग उठाकर एक-दूसरे को 'बाय' कह कर विपरीत दिशाओं की ओर मुड़ गये।

कृष्णा और रूपेश कभी-कभी फोन पर बात कर लेते। कृष्णा मन ही मन रूपेश के दिल के करीब आती जा रही थी, पर उसने कभी रूपेश के दिल की बात नहीं जानना चाहा। छः महीने बीते एक शाम रूपेश का फोन आया, फोन तो इस बीच और भी आये थे, रूपेश के हर कॉल पर कृष्णा का मन जैसे खिल उठता लेकिन आज उसका चेहरा बुझ क्यों गया! रूपेश ने ऐसा क्या कह दिया।

कृष्ण पक्ष और शुक्ल पक्ष भला कभी मिलते हैं, एक के आते ही दूसरा पक्ष दूसरी दिशा में चल पड़ता है। जब कृष्णा और रूपेश प्रतिभा एकेडमी में पी. एस-सी. की कोचिंग कर रहे थे, उन दोनों को साथ देखकर कोचिंग सेंटर में टाइम पास करने आये कुछ प्रतियोगी कृष्णा और रूपेश को कृष्ण पक्ष-शुक्ल पक्ष कह चिढ़ाते लेकिन परीक्षा की तैयारी में तल्लीन कृष्णा और रूपेश इस ओर ध्यान न देते या सुन कर अनसुनी कर देते। कृष्णा के कानों में फोन पर कहे रूपेश का यह वाक्य हथौड़े की तरह चोट कर रहा था कि "मेरी सगाई हो गयी है, तीन महीने बाद शादी है तुम्हें आना होगा।" तो क्या पिछले दो वर्षों से वह रूपेश से एकतरफा प्रेम कर रही थी, रूपेश ने क्या कभी कृष्णा के प्रेम को समझने की कोशिश नहीं की, या कि कृष्णा जाने-अनजाने किसी छल का शिकार हो गयी! मन में उठते कई सवालों के जवाब कृष्णा को कभी मिलेंगे। कृष्णा का शादी जैसी बातों पर विश्वास कम होने लगा था, उसे लगता शादी तो मन से मन का रिश्ता है जब किसी से मन ही न मिले तो इस रिश्ते का क्या अर्थ। उसके लिए अन्य लड़कियों की तरह ही रिश्ते आये, कई रिश्ते लेकिन कोई रिश्ता पक्का न हो सका। अब तो घर वालों ने भी शादी के लिए दबाव

बनाना छोड़ दिया था।

शायद हर किसी की किस्मत में प्रेम नहीं लिखा होता, उन अभागों में क्या कृष्णा का नाम भी लिखा था! कहते हैं प्रेम और जंग में सब जायज होता है पता नहीं यह सच है या कि योद्धा और प्रेमी के मन की धारणा।

आज कृष्णा की बेटी प्रतीक्षा की शादी है। प्रतीक्षा को देखकर कोई नहीं कह सकता कि वह कृष्णा की बेटी है, तीखे नाक-नक्श और गौर-वर्ण, ऊँची कद काठी। शादी के जोड़े में वह अप्सरा लग रही थी। कृष्णा बेटी को दुल्हन के रूप में देख कर बहुत खुश हो रही है। प्रतीक्षा का विवाह कोर्ट में सम्पन्न होगा, कृष्णा के कुछ खास मित्र ही इस शादी में शरीक होंगे। प्रतीक्षा अपने टच स्क्रीन मोबाइल पर कबीर से चैटिंग कर रही है–"तुम्हें आने में कितनी देर लगेगी।"

कबीर– "मैं आधे घंटे में पहुँच जाऊँगा।" फिर थोड़ा रुक कर "सुनो क्या मम्मी अब भी हमसे नाराज हैं।"

प्रतीक्षा– "मैंने उन्हें मना लिया है।"

कबीर–"ठीक है, हम निकलने की तैयारी कर रहे हैं।"

प्रतीक्षा–"ठीक है।"

प्रतीक्षा की चैटिंग के दौरान कृष्णा, बेचैन हो कमरे में चहलकदमी करती रही, कुछ क्षण आईने के सामने भी खड़ी हुई, खिड़की के बाहर कई बार देखा, जैसे उसे किसी का इंतजार हो, उसने अपने अतीत के पच्चीस सालों को आधे घंटे में फिर से जी लिया।

कृष्णा किससे बदला ले रही थी, क्या अपने मन से जो सामान्य रंग-रूप वाली काली लड़की को गोरे-चिट्टे लड़के से प्रेम करने को उकसाया था। आज कामेश्वर जाने कहाँ होगा। प्रतीक्षा आखिर उसकी भी तो बेटी है, क्या उसे आज बेटी की शादी में सम्मिलित नहीं होना चाहिए, क्या उसे कभी कृष्णा और प्रतीक्षा की याद नहीं आयी! लेकिन कृष्णा के समझौते ने उससे शिकायत का अधिकार भी तो छीन लिया था। तो क्या रूपेश और कामेश्वर दोनों बेगुनाह थे, पाक साफ!

कामेश्वर एक सामाजिक कार्यकर्ता था, कई एनजीओ भी चलाता था। कृष्णा और रूपेश एक ही कॉलोनी में रहते थे, मॉर्निंग वॉक के दौरान रोज ही उनकी मुलाकात हो जाया करती। एक सुबह अजब नजारा था, आसमान में काले बादल छा रहे थे, सूरज ने चाँद का रूप धर लिया था, सूरज की किरणें

बादलों को भेदना चाह रही थीं तो बादल की कालिमा रौशनी को निगल लेना चाह रही थी। मौसम का मिजाज देख कर लोग वॉक खत्म कर घर की ओर लौट पड़े थे। कृष्णा ने लौटते हुए कामेश्वर से एक झोंक में कह दिया–"तुम मुझसे शादी करोगे?" कामेश्वर को अपने सुने पर विश्वास नहीं हुआ, उसे लगा इस घटाटोप और तेज हवाओं के बीच शायद उसने कुछ गलत सुन लिया। घर पहुँच कर कृष्णा आईने के सामने खड़ी हो गयी, तेज हवाओं से खिड़की के पल्ले धड़-धड़ आवाज कर कभी खुल जाते तो कभी बंद हो जाते। कृष्णा धीरे-धीरे चलती हुई खिड़की के पास आ गयी, वह हवा के तेज थपेड़ों को किसी कुशल योद्धा की तरह अपने चेहरे पर झेलती हुई, देर तक खड़ी रही।

दो दिन बाद कामेश्वर कृष्णा के घर आया, वह असमंजस में था, वह कुछ कहना चाह रहा था लेकिन कहने की हिम्मत नहीं जुटा पा रहा था। कृष्णा भी चुप बैठी रही। कुछ देर बाद कामेश्वर ने ही बात शुरू की–"कृष्णा मैंने उस दिन शायद कुछ गलत सुन लिया, तुम कुछ कहना चाह रही थीं। तुम चाहो तो हम आराम से बात कर सकते हैं।"

कृष्णा–"कामेश्वर उस दिन तुमने ठीक सुना था, मैं आज फिर वही बात दुहरा रही हूँ, क्या तुम मुझसे शादी करोगे?"

कृष्णा का सपाट चेहरा और नीची निगाह देख कर, कामेश्वर थोड़ा सहज होते हुए बोला–"कृष्णा! मैं तुमसे शादी नहीं कर सकता। मेरा समाज, मेरे घरवाले इस रिश्ते को कभी स्वीकार नहीं करेंगे। तुम मेरी अच्छी मित्र हो, मैं इस मित्रता को जीवन भर निभाऊँगा, बस मैं इतना ही कहुँगा।"

कृष्णा– "हम कोर्ट में शादी करेंगे, तुम मुझे एक बेटी दे देना बस...और मुझे कुछ नहीं चाहिए। उसके बाद तुम मुझसे दूर चले जाना, मैं बेटी के सहारे जी लूँगी।"

कामेश्वर–"अरे! ये कैसे होगा! शादी-ब्याह कोई खेल नहीं, और फिर हमें इसी समाज में रहना है।"

कृष्णा पर जैसे कोई सनक सवार हो गयी थी। उसने अपनी मित्रता का वास्ता देते हुए फिर अपनी बात कही–"तुमने कुछ देर पहले ही मुझसे जीवन भर मित्रता निभाने की बात कही न! मैं उसी मित्रता के अधिकार से तुमसे यह बात कह रही हूँ।" कामेश्वर इसके बाद कुछ न कह सका, कृष्णा उसे उठ कर जाते हुए देखती रही। कृष्णा के मन का तूफान थम चुका था, अब कुछ था तो

बस सन्नाटा, साफ खुला आसमान जिसकी ओर कृष्णा चाहे जितनी देर देख सकती थी, उगते सूरज से एकालाप कर सकती थी।

प्रतीक्षा को माँ से सहानुभूति थी, वह माँ के मन को ठेस नहीं पहुँचाना चाहती थी, लेकिन अँग्रेजी विषय में पी. जी. करने वाली गोरी-चिट्टी प्रतीक्षा ने श्याम वर्ण कबीर को जीवन साथी के रूप में चुना। कृष्णा को आपत्ति तो थी लेकिन उसने शादी का विरोध नहीं किया, ठीक ही तो था, वह उसका फैसला था और यह बेटी का फैसला।

क़बूल करो

रीता को मयंक का एक वाक्य हथौड़े की तरह चोट पहुँचाता, वह कई बार यह बात सुन चुकी थी। रीता कटघरे में खड़ी होती और मयंक कहता–"यह क़बूल करो।" रीता सोचती क्या एक स्त्री का विवाह पूर्व, किसी से प्रेम करना गुनाह है, अगर गुनाह है तो पुरुष को इसकी सजा क्यों नहीं मिलती, क्यों स्त्री ही इसे गुनाह के रूप में स्वीकारने को अभिसप्त है। रीता इन सवालों के कटघरे में अक्सर खड़ी कर दी जाती। रीता के पास कोई वकील नहीं था, उसे तो खुद अपने मुकदमे की पैरवी करनी होती और मयंक ऊँचाई पर जज बना बैठा होता और जब-तब अपने फैसले सुना देता।

रीता तो इस रिश्ते को हाँ करने के लिए तैयार ही नहीं थी, ऐसा नहीं कि मयंक उसे पसन्द नहीं आया था, रीता तो मयंक के सामने उन्नीस ही थी, मयंक कहाँ पाँच फुट छ: इंच, गोरा-चिट्टा, आकर्षक व्यक्तित्व वाला नौजवान और रीता कहाँ सामान्य कद काठी, सामान्य रंग रूप वाली साधारण लड़की, रीता ने तो इस रिश्ते के लिए हाँ ही नहीं किया था, उसे भारतीय समाज में स्त्रियों की दशा मालूम थी। अपने वैवाहिक-जीवन में आ सकने वाली खतरे की घंटियाँ उसे साफ-साफ सुनाई दे रही थी, लेकिन नारी सुलभ लज्जा उसे मयंक को कुछ भी बता पाने से रोकती रही।

पिता की असमय मृत्यु, फिर माँ का दुख, भाई की ग़ैरजिम्मेदारी ने उसे उससे विवाह की हामी भरवा ली। मन में चल रहे उधेड़बुन के बीच रीता की सगाई भी हो गयी। टेलीफोन पर रीता और मयंक की बातें भी होने लगीं। एक दिन रीता ने अपनी सहेली साधना को सारी बातें बताईं। साधना का विवाह तीन साल पहले हो चुका था। साधना ने सहेली की सारी बातें सुन कर उसे समझाते हुए कहा–"हमारे भारतीय समाज में शादी के बाद प्यार होता है, मयंक भी तुम पर जान छिड़केगा, तुम चिन्ता न करो। मैं तुम्हारे सामने हूँ, देखो हमारा वैवाहिक-जीवन कितना सुखपूर्वक बीत रहा है। मैं हाउसवाइफ हूँ, हाँ ये कई

बार देर से घर आते हैं, कभी-कभी मुझे डाँट भी देते हैं लेकिन मैं चुप ही रहती हूँ। अपने कारोबार के मामलों में कितने लोगों से उनका मिलना-जुलना होता है फिर सब लोग एक जैसे तो नहीं होते न, मैं यही सब सोच कर उनकी कठोर बातें भी सुन लेती हूँ।"

फिर थोड़ा रुक कर "वैवाहिक सम्बन्ध को बनाये रखने के लिए कभी पति को तो कभी पत्नी को झुकना ही पड़ता है, यही तो जिन्दगी है माई डियर। तुम चाहो तो मयंक को अपना अतीत बता देना, उसने तुम्हें मन से पसन्द किया है, इतना तो समझेगा ही।" साधना के जाने के बाद रीता देर तक इसी उधेड़बुन में बैठी रही, उसे समझ में नहीं आ रहा था कि वह क्या करे।

रीता ने कई बार सोचा कि वह मयंक से इस सम्बन्ध में बात करे लेकिन जाने क्या सोच कर बार-बार खुद को रोक लेती। एक दिन उसने हिम्मत करके मयंक को फोन कर सारी बात कह सुनाई, मयंक चुपचाप सुनता रहा, आखिर में उसने बस इतना ही कहा–"ठीक है मैं कल तुमसे बात करूँगा।" रीता की धड़कन तेज हो गयी थी, वह रात को ठीक से सो न सकी, उसे अगले दिन का इन्तजार था लेकिन मयंक का फोन नहीं आया। दोनों के बीच एक हफ्ते तक कोई बातचीत नहीं हुई। रीता तो चाहती ही थी कि यह मौन और लम्बे दिनों तक चले, लेकिन समय को कुछ और मंजूर था। रीता को लगा मयंक उसके लिए अच्छा जीवनसाथी साबित होगा। इसके बाद रीता ने जैसे अतीत के बिखरे पन्नों को समेट कर किसी सन्दूकचे में रख ताला लगा चाबी समुन्दर में फेंक दी।

विवाह के पाँच वर्ष ठीक से ही बीत गये। नौकरी के साथ घर की जिम्मेदारियों को रीता ने बखूबी निभाया, लेकिन मयंक का बर्ताव समय के साथ रूखा हो चला था। रीता ने विवाह के दूसरे वर्ष ही अनुभव किया था लेकिन सहेली साधना की बातें याद कर वह कई समझौते करती चली गयी। फिर ये क्या हुआ मयंक पीने का शौकीन तो पहले से ही था लेकिन अब उसकी बातें भी कड़वी होती चली गयीं।

कितनी अन्धेरी रात थी, समुद्र की लहरें घोर गर्जना कर रही थीं, तारे थरथरा रहे थे। एक मछुवारा अपनी कमजोर डोंगी को लहरों के बीच खे रहा है ऐसा लग रहा है जैसे वह अगले ही पल लहरों के बीच डूब जायेगा लेकिन मछुवारे के चेहरे पर भय का कोई निशान नहीं। एक गोताखोर समुद्र की लहरों से जूझता अतल गहराई में जाने क्या ढूँढ़ रहा था। अरे! उसके हाथ में तो

एक जंग लगी चाबी है, वह किनारे आकर चाबी को बालू से रगड़-रगड़ कर माँज रहा है, अब चाबी चमकने लगी है। फिर वह गोताखोर एक सन्दूकची का ताला खोल रहा है। सन्दूकची में कुछ पुराने जीर्ण-शीर्ण कागज है, लिखा हुआ कुछ समझ में नहीं आ रहा है, अक्षरों की जगह लाल धब्बे ही दिखाई दे रहे हैं। इतना डरावना सपना...। रीता हड़बड़ा कर उठ बैठी। आधी रात को इतना डरावना सपना, रीता कुछ दिनों से अक्सर रात को ऐसे डरावने सपनों से जूझ रही थी।

मयंक को अब एक बेटे की चाह थी, लेकिन बेटी पैदा होने के पाँच साल बाद भी बेटा पाने की मयंक की इच्छा पूरी न हो सकी। रीता को ताने देने में अब ये बात भी जब-तब शामिल होने लगी। रीता को अब समझ में आने लगा था कि उसे किस बात की सजा दी जा रही थी। एक दिन झगड़े ने इतना तूल पकड़ा कि मयंक रीता पर हाथ छोड़ बैठा। फिर क्या था रीता के भीतर वर्षों से दबी भड़ास बाहर निकल आयी, उसने कहा–"ठीक है, तुम्हें तलाक चाहिए, तो मैं तैयार हूँ, सात वर्षों से सब कुछ सहती आ रही हूँ।"

इतना सुनते ही मयंक भड़क उठा–"तुम कबूल करो कि तुमने गलत किया था। तुमने मेरे साथ ऐसा क्यों किया।"

रीता ने स्थिति को संभलते जवाब दिया–"मैंने तो तुम्हें शादी के पहले ही अपना अतीत बता दिया था, फिर इतने वर्षों बाद यह बात क्यों?"

लेकिन मयंक कुछ भी सुनने को तैयार नहीं था, उसने फिर वार किया–"उस समय की बात कुछ और थी, अब मुझसे बर्दाश्त नहीं होता, मुझे मेरे एक मित्र ने तुम्हारे बारे में सब कुछ बता दिया है।"

रीता–"तुम्हें मुझ पर भरोसा नहीं, तुमने मेरे पीछे जासूस लगा रखा है, मैं जानती थी मेरे साथ यह घटित होगा, इसीलिए मैंने इस रिश्ते के लिए मना किया था।"

रीता और मयंक के रिश्ते को सेंध लग चुकी थी, संदेह मयंक के मन में घर कर चुका था। रीता का सारा सुख-चैन छिन चुका था। वही एक वाक्य कि तुम कबूल करो कि तुमने गलत किया था, न रीता को दिन में चैन से रहने देता न रात को सोने देता। मयंक की कई महिला मित्र थीं, उनका घर आना-जाना था लेकिन रीता ने कभी कोई आपत्ति नहीं की लेकिन अब उन दोनों के बीच के झगड़े के कारण रीता को मयंक की मित्रता परेशान करने लगी थी।

मयंक अपने पुरुष होने का रौब जमाता चाहता और रीता अपने अस्तित्व को बचाना चाहती। वो कैसे कबूल करती कि उसने शादी के पहले प्यार करके गलत किया था, क्या स्त्री को यह अधिकार नहीं कि वह जीवन के कुछ दिन तो अपने हिसाब से जी ले।

मयंक ने भी तो विवाह पूर्व किसी लड़की से प्रेम किया था, उसका पति भी तो उससे यह कबूल करवाता होगा कि तुम कबूल करो कि तुमने गलत किया था। प्रेम तो मयंक ने भी किया था लेकिन शादी के पहले उसने रीता को ये बात नहीं बताई थी, वहीं रीता से सब कुछ उगलवाकर वह पति के अधिकार से रीता पर हावी होना चाहता था। एक दिन मयंक के एक मित्र घर आये, दोनों मित्रों के बीच हँसी-ठहाके के साथ देर तक बातें होती रहीं, उस बातचीत में मयंक की पूर्व प्रेमिका के सौन्दर्य का बखान किया जाता रहा, शायद ये बातें जानबूझकर रीता को सुनाने के लिए की गयीं। अब अक्सर मयंक का वह मित्र घर आने लगा और फिर वही चर्चे देर तक होते रहते, वे कनखियों से रीता की ओर देखते। एक दिन रीता ने मयंक के मित्र का चेहरा गौर से देखा, उसे लगा उसने पहले भी इसे कहीं देखा है। रीता ने पहचान लिया कि यह तो वही गोताखोर है जिसने समुद्र से जंग लगी चाबी निकाल कर वह पुरानी सन्दूकची खोली थी।

आज रीता और मयंक की शादी की आठवीं सालगिरह है। घर में मेहमान हैं, उनमें मयंक के कई मित्र हैं। मयंक खुश होकर मित्रों से मिल रहा है, मित्रों के ठहाके रीता के कान फोड़ रहे हैं, जैसे सब उससे कह रहे हों 'कबूल करो'।

रीता और मयंक की बहस अब बेडरूम से बाहर भी सुनाई देने लगी थी। एक दिन पिंकी ने अपनी नन्ही हथेली पिता के मुँह पर रखते हुए कहा–"पापा, मम्मी को मत डाँटो।" इतना सुन कर मयंक के भीतर का गुस्सा फूट पड़ा और बेटी पिंकी पर उतर गया, उसने पिंकी के गाल पर एक तमाचा जड़ दिया। पिंकी रोने लगी और माँ के पास चली गयी, और सिसकते हुए बोली–"पापा बहुत गंदे हैं।" मयंक गुस्से से रीता की ओर देख कर बोला–"अच्छा है बेटी को भी अपनी तरह बना दो।" और कमरे से बाहर चला गया।

दूसरे दिन मयंक देर से घर लौटा, आँखें लाल और कदम भी लड़खड़ा रहे थे। पिंकी सोई नहीं थी, रीता कुछ देर पहले तक उसे राजकुमारियों और परियों की कहानी सुना रही थी। पिंकी अब पिता से डरने लगी थी, पिता को देखकर उसने भींचकर अपनी आँखें बंद कर लीं, और करवट लेकर सिर तक चादर

ओढ़ ली। मयंक कमरे में आते ही रीता पर रौब दिखाने लगा, हद तो तब हो गयी जब उसने कहा–"कि मुझे तो संदेह होता है कि पिंकी मेरी बेटी है।" यह सुन कर रीता फटी आँखों से मयंक को देखने लगी, रोज-रोज के चिक-चिक से वह चिड़चिड़ी हो गयी थी वहीं भीतर से मजबूत भी। गुस्सा होने के बजाय खुद को संयत करते हुए उसने जवाब दिया–"तुम्हें जो सोचना है सोचो मुझे कोई फर्क नहीं पड़ता।" मयंक कुछ देर तक बड़बड़ाता रहा फिर वहीं सोफे पर ही सो गया। लेकिन रीता की आँखों से नींद उड़ गयी थी, आँसू देर तक बहते रहे।

अगले दिन पिंकी पिता के कहे शब्दों को समझने का प्रयास करती रही, लेकिन उसे ठीक-ठीक कुछ भी समझ में नहीं आ रहा था। पिंकी अब बड़ी हो रही थी और पिता द्वारा समय-समय पर माँ के लिए कही गयी बातों का मतलब समझने लगी थी। वह डी.एन.ए. का अर्थ शब्दकोश में ढूँढ़ती। हाँ, मयंक पिंकी का डी.एन.ए. टेस्ट ही तो कराना चाहता था। रीता के चरित्र पर सन्देह ने उसे पागल बना दिया था, पिंकी को उसने कभी बेटी कह कर नहीं पुकारा, उसे उसके नाम से ही बुलाता। रीता ने कई बार सोचा कि वह मयंक से सम्बन्ध विच्छेद कर ले, उसकी तनख्वाह इतनी तो थी कि वह बेटी की पढ़ाई का खर्च उठा लेती लेकिन मयंक इस बात के लिए ठीक-ठीक जवाब न देता, शायद मयंक को इसमें अपनी हार दिखाई देती। उसका पुरुष अहंकार तो रीता को सोते जागते, उठते-बैठते उसकी गलती का एहसास दिला कर सन्तुष्ट होता था।

पिंकी बहुत होनहार थी, रीता चाहती थी कि वह डॉक्टर बने लेकिन पिंकी ने कानून की पढ़ाई करना चाहा, वह एक सफल वकील बनना चाहती थी। वह बचपन से माँ को कटघरे में असहाय खड़ा देखती आयी थी, उसकी वकालत करने वाला कोई न होता, तो क्या वह पिता के लगाये आरोप से माँ को बरी कराना चाहती थी, वह माँ का केस लड़ना चाहती थी, माँ को न्याय दिलाना चाहती थी। पिंकी का दृढ़ निश्चय रंग लाया, आज वह एक सफल वकील बन गयी। मयंक का व्यवहार अब भी नहीं बदला था, आज भी वह रीता को जली-कटी सुना रहा था, पिंकी माँ के करीब खड़ी थी, उसने माँ का हाथ कस कर पकड़ रखा था जैसे कह रही हो– माँ तुम घबराना नहीं तुम निर्दोष हो, पिंकी तुम्हारे साथ है।

दूसरी औरत

सौम्या छत पर बैठी है, सुबह की ताजी हवा उसके बालों को चेहरे पर फैला रही है लेकिन सौम्या उन्हें चेहरे से नहीं हटा रही है। मुंडेर पर बैठे दो चिड़ियों के प्रेम-कलह ने सौम्या का ध्यान खींचा पर चेहरा भावशून्य है उसी समय चर्च के बजते घंटे की ध्वनि से जैसे उसकी तंद्रा भंग हुई और अनायास उसका सिर चर्च की दिशा में झुक गया। चर्च के घंटे ने उसे याद दिलाया कि उसे बच्चों का टिफिन तैयार करना है, सौम्या बोझिल कदमों से छत की सीढ़ियाँ उतरने लगी। बेध्यान होने के कारण सौम्या का एक पाँव दो सीढ़ी नीचे आ गया, पैर मुड़ते ही मुँह से आह निकली और रेलिंग को पकड़ कर उसने खुद को गिरने से बचा लिया।

तकलीफ सहना तो सौम्या ने बचपन से सीख लिया था। तीन बहनों में वह सबसे बड़ी थी, बड़ी और लड़की होना उसे ढेर सारी जिम्मेदारियाँ दे गया। दो छोटी बहनों की देखभाल और छोटे-मोटे कामों में उलझकर सौम्या का बचपन कब जवान हुआ, उसे पता ही न चला।

कॉलेज की पढ़ाई करते हुए भी न कॉलेज गर्ल जैसी भाव भंगिमा, न वेशभूषा। जवानी सभी पर आती है, सौम्या पर भी आयी लेकिन उसकी कोई कहानी नहीं बनी। कॉलेज कैम्पस में एक चम्पा का पेड़ था, मार्च-अप्रैल में जब उसमें दूधिया रंग के फूल आते, लम्बे समय तक फूल पेड़ की शोभा बढ़ाते लेकिन लोगों का ध्यान उसकी ओर कम ही जाता, वहीं सामने लाल-लाल गुच्छों से लदा गुलमोहर का पेड़ बरबस ही लोगों का ध्यान अपनी ओर खींच लेता।

सौम्या कॉलेज की पढ़ाई के साथ प्रतियोगी परीक्षाओं की तैयारी कर रही थी। दिन में कॉलेज की पढ़ाई, फिर लौट कर घर के कामकाज और रात में परीक्षा की तैयारी। सौम्या देर रात तक पढ़ती रहती और जब आँखें मुंदने लगतीं तो बिस्तर पर लेट जाती, पुस्तक सीने पर उल्टा रख कर नींद आने के

पहले तक पढ़ी गयी बातों को मन-ही-मन में दुहराती, इस बीच वह कब गहरी नींद में चली जाती पता ही न चलता। सौम्या सपनों में उड़ती, बिना पंखों के ऊँचे और ऊँचे इन्द्रधनुष के पार और अचानक उसके पंख उग आते... सतरंगी पंख। परवाज़ कमजोर होने पर जब वह तेजी से नीचे गिरने लगती तो एक चीख के साथ अचानक नींद खुल जाती और सौम्या सीने में रखी पुस्तक को कस कर पकड़ लेती और अपनी साँसों को संयत करने की कोशिश करती। इस सपने का दुहराव सौम्या को परेशान कर देता।

सौम्या की मेहनत आखिर रंग लाई, वह ग्रामीण कृषि विस्तार अधिकारी बन गयी। प्राथमिक शाला में शिक्षक की नौकरी से सेवानिवृत्त पिता के बेटी का कृषि विस्तार अधिकारी बन जाना एक पायदान ऊपर पहुँचना ही तो था। पिता रामप्रसाद ने एक दिन पत्नी से कहा–"देखो बेटी ब्याह के लायक हो गयी है, एक अच्छे रिश्ते का पता चला है, अब उसके हाथ पीले कर हम एक जिम्मेदारी से तो मुक्त हो जायें।" पत्नी जमुना ने पति की बातें सुन कर हाँ की मुद्रा में सिर हिला दिया। रामप्रसाद ने जमुना की ओर देखते हुए जरा तेज आवाज में–"कुछ कहोगी।" जमुना ने सूप में रखे चावल से कंकड़ बीनते हुए बस इतना ही कहा–"ठीक तो कह रहे हैं।" मध्यमवर्गीय परिवार की बहु होते हुए जमुना ने घर के मामलों में अब तक कम ही मुँह खोला था।

सौम्या की पोस्टिंग अपने गाँव उदयपुर से सौ किलोमीटर दूर कसकेला विकास खंड में हो गयी। पहले तो पिता रामप्रसाद बेटी की ज्वाइनिंग को लेकर परेशान हुए, बेटी इतनी दूर अकेली कैसे रहेगी, एक बार तो यह भी कहा कि बेटी तुम ज्वाइन मत करो, लेकिन सौम्या इस बात के लिए तैयार न हुई। बेटी की नौकरी और साथ मिलने वाली मान-प्रतिष्ठा की बात सोच कर उनकी मध्यमवर्गीय मानसिकता ने आसानी से घुटने टेक दिये।

सौम्या नौकरी ज्वाइन कर बहुत खुश थी, घर में भी खुशी का वातावरण था। सौम्या की सीधी सपाट जिंदगी में अब छोटे-छोटे मोड़ आने लगे थे। वह जीवन में हो रहे बदलाव को महसूस करती लेकिन उसके संस्कार उसे उसकी उड़ान भरने से रोकते। राजीव सौम्या का सहकर्मी था, उसका घर भी कार्यस्थल से दूर था, लगभग दो सौ किलोमीटर दूर। नयी जगह, नये लोग, बोली, खानपान में बहुत अन्तर न होते हुए भी एक अनजाना और अजनबीपन उसे सालता। एक दिन मीटिंग के दौरान उसकी मुलाकात सौम्या से हो गयी, एक

ही नौकरी और एक से स्वभाव ने उन दोनों की मुलाकात को खास बना दिया। एक वर्ष की नौकरी के दौरान हुई मुलाकातें कब नजदीकियों में बदलता गयीं उन्हें पता ही न चला, और जब पता चला तो बस उनकी आँखों ने आपस में सब कुछ तय कर लिया। इस बीच माता-पिता ने सौम्या पर शादी का दबाव बनाया, लेकिन सौम्या यह कहकर टालती रही कि एक साल बाद ट्रेनिंग होगी, उसके बाद सोचूँगी।

अब उनकी मुलाकातें काम का बहाना ढूँढ़ती। एक दिन राजीव ने सौम्या से अपनी पीड़ा साझा करते हुए बताया कि– "उसके पिता पटवारी हैं अभी सेवानिवृत्त होने में कुछ वर्ष शेष हैं, उन्होंने हम दो भाई-बहनों के लालन-पालन में कोई कमी नहीं की, लेकिन उन्होंने माँ को बहुत तकलीफ पहुँचाई है। माँ मुझे और बहन को लेकर गाँव में ही रही, पिता ने कभी हमें साथ में नहीं रखा। पिता दो-तीन दिन में घर आते, हम दोनों भाई-बहन पिता से मिल कर फूले न समाते लेकिन माँ के चेहरे पर हमेशा उदासी रहती, पिता का घर आना भी उन्हें खुशी न दे पाता।" आज जब मैं सोचता हूँ...कहते हुए राजीव की आँखें भर आयीं। राजीव का एक ही साँस में इतना कुछ कह जाना और आँखों में आँसू भर आना, सौम्या के वर्षों से संचित आँसुओं को आँखों से बह निकलने पर विवश कर गया। कुछ दिन बाद मोबाइल पर बात करने के दौरान राजीव ने सौम्या से कहा– "सौम्या! तुम मुझसे शादी करोगी?" बिना किसी भूमिका के राजीव के इस प्रश्न से सौम्या हतप्रभ रह गयी, उसने राजीव को कोई जवाब नहीं दिया।

इस घटना के बाद सौम्या ने राजीव से दूरियाँ बना ली, राजीव सौम्या से बात करना चाहता लेकिन सौम्या खुद को काम में इतना व्यस्त रखती कि राजीव उसे टोकने का साहस न कर पाता। जिस माहौल में सौम्या पली-बढ़ी थी, उसे जो संस्कार मिले थे, इस समय उसका व्यवहार बिल्कुल अनुकूल ही तो था। सौम्या खुद को समझाती कि वह राजीव से प्रेम नहीं करती लेकिन उसका मन यह मानने को तैयार न होता, जैसे कोई बच्चा बार-बार मना करने के बाद भी नहीं मानता और वही काम बार-बार करता है। सौम्या ऐसे दोराहे पर खड़ी थी जहाँ एक ओर उसके बीमार पिता, दो बहनें और माँ की जिम्मेदारी थी तो दूसरी ओर उसका पहला प्यार था। इस ऊउहापोह में अपने मन में तौलते हुए वह तराजू के दोनों पलड़ों को समान पाती, बार-बार की कोशिशों के बाद भी वह स्वयं को इसी स्थिति पर पाती और खीझ जाती। आखिर भीतरी द्वन्द्व से

निकल कर एक दिन सौम्या ने राजीव को चाय पर बुलाया। चाय पीते हुए दोनों ने एक-दूसरे का हालचाल पूछा, और कुछ देर कमरे में चुप्पी छाई रही, सौम्या ने चुप्पी तोड़ते हुए, राजीव के अन्दाज में ही कहा– "राजीव! तुमने मुझसे जो बात कही थी मुझे मंजूर है।" राजीव बस भौचक्क हो सौम्या को कुछ देर देखता रहा। उसे क्या पता सौम्या ने यह बात कहने की हिम्मत जुटाने में कितनी रातों की नींद गँवाई थी।

सौम्या के पिता को सेवानिवृत्त होने में दो वर्ष शेष थे लेकिन तबीयत लगातार खराब रहने के कारण समय से पहले ही उन्हें सेवानिवृत्ति लेना पड़ा था, उसके बाद सौम्या की जिम्मेदारी और बढ़ गयी थी। पिता की पेंशन से घर और दो बहनों की पढ़ाई का खर्च पूरा हो पाना मुश्किल था। नौकरी मिलने के बाद, मुश्किल थोड़ी आसान तो हुई लेकिन उसके सपने पूरे होने की उम्मीद अब भी बेमानी थी। परिवार की जिम्मेदारी सँभालते-सँभालते सौम्या की खुद की जिंदगी बिखरने लगी थी, पंछी बन उड़ने के पहले ही सौम्या के मन पाखी के पर तितर-बितर होने लगे। आज राजीव उसे क्या कह गया कि सौम्या का दिमाग ही सुन्न हो गया, वह घंटों एक ही स्थान पर बैठी अपने आँसुओं की बाढ़ को रोकने की कोशिश में फूट-फूट कर रोई....जाने कितनी देर तक।

राजीव के पिता के अपनी पत्नी के अलावा दूसरी औरत से सम्बन्ध थे, वह सम्बन्ध आज भी बना हुआ था। राजीव अपनी माँ के आँसुओं का बदला पिता से लेना चाहता था, अन्तर्जातीय विवाह कर के, वह पिता की इज्जत तार-तार करके, वैसे तो दूसरी औरत से सम्बन्ध रख कर पिता स्वयं अपनी इज्जत खराब कर चुके थे। लेकिन इतने से राजीव का बदला कहाँ पूरा हो रहा था....। बात यहाँ तक भी ठीक थी लेकिन उसने यह बताया कि उसकी माँ हृदय रोग से पीड़ित है और समाज में जातीय बंधन बहुत कठोर है, माँ तो हमारे विवाह को स्वीकार ही नहीं कर पायेगी, वो मर जायेगी, क्या तुम मेरी दूसरी पत्नी बनना स्वीकार करोगी? मेरी पहली पत्नी मेरी माँ की पसन्द की होगी लेकिन मैं विश्वास दिलाता हूँ कि मेरा प्यार तुम्हीं को मिलेगा....तुम मेरी मजबूरी समझ रही होगी। सौम्या को तो जैसे लकवा मार गया, वह जड़ होकर बस कुर्सी पर बैठ गयी, वह स्वयं को ठगा सा महसूस कर रही थी, आँखों के आगे जैसे अंधेरा छा गया। भला वह स्वयं को वस्तु की तरह कैसे इस्तेमाल होने देती। कहते हैं प्रेम और जंग में सब जायज होता है लेकिन अपने आत्मसम्मान को ताक में

रख कर सौम्या इसे जायज नहीं ठहरा सकी।

सौम्या आज सुबह सोकर उठी तो देखा गमले में एक दिन पहले जो सुर्ख गुलाब खिला था उसे किसी कीड़े ने कुतर दिया था। सौम्या को याद आया कि कल ही तो हरिया बोल रहा था–"मैडम, खेतों में कहाँ से टिड्डियाँ आ गयी हैं, धान की दुधियायी बालियों को काटे डाल रही हैं, कोई दवा हो तो बता दीजिए।" सौम्या की आँखों के सामने जैसे हजारों टिड्डियाँ झुंड के झुंड उड़ कर उसकी छोटी सी बगिया में छा गयी हैं और सारे पौधों को कुतर रही हैं।

सौम्या ने अपने बीमार पिता, घर की जिम्मेदारी, दो बहनों का ब्याह कर पैंतीस साल की अवस्था में दो बच्चों के पिता विधुर व्यक्ति से विवाह करना स्वीकार कर लिया, सौम्या को इस बात का दुख नहीं लेकिन यह बात कभी-कभी उसे टीसती है कि यह तोहफा तो राजीव का दिया हुआ था जो जब-तब उसे अपने गुजरे कल की याद दिला जाता है।

एन. एच. 43 की मौत

रामसुभग पैकरा और उसकी मित्रता अटूट है। दोनों की अवस्था सत्तर वर्ष है। उनका बचपन साथ-साथ दौड़ते-भागते उछलते-कूदते बीता। रामसुभग के नंगे पैरों में वो गिट्टी और मुरम चुभते नहीं थे, अगर चुभते तो वह सड़क पर तेजी से कैसे दौड़ता। स्कूल की घंटी बजने के पहले ही पहुँचना उसके पूर्वजों की अधूरी शिक्षा को पूरी करने की चाह को दर्शाती। क्यों न हो रामसुभग को अपने नाना का पितर मिला है, उसके नाना सुधुसाय अपढ़ होकर भी अँग्रेजों के खिलाफ छिडी जंग में शामिल हुए थे और अपना बलिदान दिया था, क्या अपढ़ होना सुधुसाय को अपने जीवनकाल में नहीं खला होगा? शायद इसी पढ़ने-लिखने की चाह लिए सुधुसाय ने नाती के रूप में फिर जन्म लिया। पितर ढूँढ़ने के समय जब पंचों ने सुधुसाय के नाम पर कांसे की थाली में चावल का एक दाना डाला तो रामसुभग के नाम पर पहले से थाली में भरे पानी पर तैरता चावल का दाना चुम्बक की तरह उस दाने को अपनी ओर खींच लिया था।

कच्ची सड़क पर अक्सर सरगुजा महाराज की खुली जीप हिचकोले लेते दौड़ती। सड़क के समीप कच्ची झोपड़ियों से आदिवासी बच्चे झाँकते, उनकी बड़ी-बड़ी आँखे ऐसे विस्फारित हो जातीं जैसे तलैया के पानी में शरद ऋतु के बादलों से गिरने वाली बड़ी-बड़ी बूँदें गिर कर फैल जाती हैं। एक दिन बालक रामसुभग बाल सखाओं के साथ बरगद के नीचे खेल रहा था कि अचानक फट-फट-फट.... की आवाज सुनाई दी, वे दौड़कर बरगद के तने के पीछे छिप गये। फटफटिया के दूर जाते ही वे उसी गति से सड़क की ओर दौड़ पड़े और अपनी नाक जमीन से सटा कर पेट्रोल की गंध सूंघने लगे, जैसे वे कोई खोज कर रहे हो, ऐसा खेल करने के बाद वे जोर-जोर से हँसने लगे। उन्होंने यह पहली बार नहीं किया था, पिछली बार इस खेल के आनन्द के बदले पिता से डाँट पड़ी थी और हथेलियों पर छड़ी के प्रहार के रूप में कीमत भी चुकानी पड़ी थी। रामसुभग बहुत शरारती था, उसे अपनी शैतानियों के बदले आने वाले

समय में जाने कितनी बार मार खाना बदा था। आजो, उसे कहते–"तै ढेरेच बितबितहा हस बाबु आगी मूतबे का?" एक दिन अपनी माँ की अनुपस्थिति में उसने यह प्रयोग भी कर लिया। जिद कर, आजी से पैरा जलावाया और उस जलते पैरा में पेशाब करके ही उसका मन माना। पर रामसुभग जैसे-जैसे बड़ा होता गया उसकी शरारतें कम होती गयीं। किशोरावस्था में ही वह जवान हो चला था, उसके कन्धे भारी बोझ उठाते-उठाते घर के मयार की तरह मजबूत हो गये थे। 18वें बसन्त को छूते ही रामसुभग गबरू जवान हो गया था। साँवला रंग, गोल चेहरा, मोटे होंठों के ऊपर पतली मूँछ, सिर पर गमछा। जब वह कन्धों पर बहँगी लेकर चलता तो उसकी लचकती कमर पर गाँव की फुलमनिया लट्टू हो जाती। कभी रामसुभग सड़क के उस पार चला जाता और कभी फुलमनिया सड़क के इस पार चली आती। सड़क उन दोनों के प्रेम की मूक साक्षी थी। रामसुभग चाह कर भी पाँचवीं कक्षा से आगे नहीं पढ़ सका गरीबी ने उसके पैरों में बेड़ियाँ डाल दी, लेकिन उसके मजबूत कन्धे और मेहनत रंग लायी। सड़क के किनारे उसके खेतों में छिनमौरी, बयालों, सफरी और विष्णुभोग धान की बालियाँ हवाओं संग झूमते बलखाते झुक-झुक जाती जैसे फुलमनिया कभी-कभी हँसते-हँसते दोहरी हो जाती।

कहते हैं 12 साल में तो घूरे के दिन भी फिरते हैं फिर उस कच्ची सड़क की उम्र तो इससे अधिक हो चली थी। एक दिन रामसुभग खेतों से घर की ओर आते हुए मेड़ पर ठिठक गया कुछ लोग कच्ची सड़क की मरम्मत कर रहे थे। उस सड़क से रामसुभग का बचपन से लगाव था। मनुष्य कभी-कभी खुद को सजीव के साथ निर्जीव चीजों से भी गहराई से जोड़ लेता है, फिर सड़क तो निर्जीव होकर भी सजीवता लिए हुए थी। वह फटफटिया जीप, ट्रक अब राज्य परिवहन के बसों के दौड़ने का आधार बन चुकी थी। रामसुभग सड़क पर काम करते हुए लोगों के करीब पहुँच गया और उनसे अपनी जिज्ञासा प्रकट करते हुए कहा–"राम राम भाई, सड़क में कोनो सुधार होवत हे का?" एक कामगार ने फावड़े से मिट्टी समेटते हुए कहा–"हाँ पक्का सड़क बनही" यह कहते हुए उसके चेहरे पर खुशियाँ साफ-साफ झलक रही थी, क्यों न हो उसने भी इसके पहले पक्की सड़क कहाँ देखी थी।

निर्माण कार्य शुरू हुआ तो गाँव के लोग दर्शक की भूमिका में थे, निठल्ले युवा तो घंटों खड़े होकर देखते जैसे उन्हीं की देखरेख में काम चल रहा हो।

रामसुभग भी आते जाते दिन में एक बार सड़क की ओर चला ही जाता। उबलते हुए लसलसे काले तारकोल पर गिट्टी डाल कर मिलाया जाता, जब मसाला तैयार हो जाता तो पहले से तैयार किये गये गिट्टी-मुरुम वाली सड़क पर उसे फैला दिया जाता, थोड़ा ठंडा होने पर उस पर रोलर चलाया जाता। बच्चों का आकर्षण सड़क से ज्यादा वह रोलर मशीन थी जिसे वे धुरमुस गाड़ी कहते। धुरमुस के बड़े-बड़े चक्कों को देखकर बच्चों की आँखें विस्मय और कौतूहल से फटी की फटी रह जाती। देखते-ही-देखते पक्की सड़क रामसुभग के आजो की उम्र सी लम्बी होती गयी।

बड़े धूम-धाम से फुलमनिया और रामसुभग का ब्याह सम्पन्न हुआ। बरात वापसी के समय रामसुभग बारातियों के संग पैदल चल रहा था। चमरहा जूते से हर कदम पर चर्र-मर्र.... की ध्वनि निकल रही थी। वह नयी पक्की सड़क जैसे रामसुभग के ब्याह के लिए ही बनाई गयी थी। फुलमनिया तो डोली में बैठी थी, चार लोग डोली उठाये पगडंडी से चलते-चलते पक्की सड़क पर आ गये थे। उनके पैरों में जूते नहीं थे लेकिन चिकनी, फिसलती सड़क उन्हें सहुलियत ही दे रही थी।

अब सड़क पर गाड़ियों की आवाज ही बढ़ गयी थी, इक्का-दुक्का सेठ-साहूकारों ने भी ट्रक खरीद ली थी। रामसुभग के जीवन की गाड़ी भी बिना किसी अवरोध के सीधे सपाट राह पर चल पड़ी। एक साल बाद रामसुभग के घर में किलकारियाँ गूँज उठीं। देखते ही देखते आठ साल बीत गये, उन आठ सालों में फुलमनिया का आँगन एक बेटा और तीन बेटियों से गुलजार हो गया, बेटा फलेश्वर और बेटी सीता, गीता और सावित्री। रामसुभग बेटे के साथ बेटियों को भी पढ़ाने का पक्षधर था। बेटियाँ खूब मन लगाकर पढ़तीं पर फलेश्वर अपने बेटे होने का भाव दिखाता आखिर माँ का लाडला था वह। बेटियाँ भी नौवीं-दसवीं तक पढ़ सकीं। गाँव की परम्परानुसार उनका कम उम्र में ब्याह कर दिया गया। फलेश्वर सेठ मुरारी लाल के ट्रक का खलासी बन गया।

रामसुभग 40 की अवस्था में ही बूढ़ा दिखने लगा था। गाल पिचक गये थे, गले की हड्डियाँ उभरने लगी थीं। डामर वाली पतली सड़क भी थोड़ी खुरदुरी हो चली थी। नर्म मिट्टी का क्षेत्र होने के कारण सड़क के किनारों की मिट्टी कटने लगी थी ऐसा लगता जैसे सड़क ऊपर टँगी हो तो बगल की जमीन नीचे

धँस गयी हो जिसमें साइकल और दुपहिया वाहन चालकों को साइड लेने और देने में बड़ी दिक्कत होती थी। बच्चे जब छोटे थे रामसुभग उस सड़क से जुड़ी स्मृतियाँ उन्हें सुनाता। शंख से चिरमिरी तक चलने वाली राज्य परिवहन की बस तो आज भी चल रही थी जिसमें रामसुभग अपने परिवार के साथ यदाकदा अम्बिकापुर तक की यात्रा करता। पिछले हफ्ते ही तो वह सपरिवार अम्बिकापुर आया था। दशहरा के दिन सरगुजा महाराज के महल के दरवाजे आम जनता के लिए खोल दिये जाते। महाराजा साहब राज सिंहासन पर बैठते, लोग उनके पाँव छूकर आशीर्वाद लेते। रामसुभग सपरिवार महल में घूम रहा था छोटी बेटी सावित्री पिताजी के कन्धे पर सवार थी। सीता-गीता माँ की उँगली थामे चल रही थीं, फलेश्वर पिता का हाथ पकड़े हुए था। महल की दीवारों पर जगह-जगह बारहसिंगा की खोपड़ी ठुकी हुई थी, कहीं नील गाय की सींग दीवारों की शोभा बढ़ा रही थी। एक बड़े कमरे में बाघ की खाल ओढ़े आकृति को देखकर सावित्री एकदम से चीख पड़ी। रामसुभग ने उसे चुप कराते हुए कन्धे से नीचे उतारकर गोद में उठा लिया। इतनी रेलमपेल भीड़ थी कि फलेश्वर भीड़ में गुम हो गया। कुछ दूरी पर जब भीड़ कम हुई तो फलेश्वर ने देखा कि वो जिस व्यक्ति की धोती की छोर पकड़कर चल रहा था वह उसके पिता नहीं थे। बालक भय और लोगों की धक्का-मुक्की से रोने लगा। वो तो अच्छा हुआ कि गाँव के ही फूलसाय चाचा की नजर फलेश्वर पर पड़ गयी और उसे, उसने भीड़ से बाहर निकाला। रामसुभग और फुलमनिया घबराये हुए, फलेश्वर को इधर-उधर ढूँढ़ रहे थे कि फूलसाय की नजर उन पर पड़ गयी उसने ऊँची आवाज में पुकार कर कहा–"ददा! बाबु इहाँ हवे मोर ठन" आवाज तो उनके कानों तक नहीं पहुँची लेकिन रामसुभग ने राजमहल के प्राँगण में बने कुँए के पास फूलसाय का हाथ थामें फलेश्वर को देख लिया।

हर वर्ष दशहरा के समय ही नगर में सर्कस का खेल लगता, इस साल गाँधी मैदान में जमुना सर्कस लगा था फलेश्वर अभी भी डरा हुआ था। पिता ने पूछा–"सर्कस देखे जाबे बाबु" डरा हुआ फलेश्वर बोला–"नयी देखों चल घरे जाबो" जबकि पिछले एक हफ्ते से उसी ने सर्कस देखने की रट लगा रखी थी। रामसुभग ने बेटे को पुचकारते हुए–"झिन डरा बाबु, सब्बो झन जाबो।" प्यार से हाथ थामते हुए बेटे को हिम्मत दिलाई। वे होटल मनबहार से लड्डू और भजिया खाने के बाद जमुना सर्कस देखने चले गये। घर से लाये

हुए गुड़-चूड़ा वे पहले ही खा चुके थे। रस्सी के सहारे दूर तक छलाँग लगाते लड़के-लड़कियाँ, फिर बिलाइती सफेद कुत्तों का करतब, फिर भालू का ढोल बजाना, हाथियों की परेड, बीच-बीच में अजीबोग़रीब चेहरे और रंगीन झबला पहने जोकरों की हँसी-ठिठोली। दो बौने आदमियों की लड़ाई देखते-देखते सीता-गीता और फलेश्वर खुश हो रहे थे, उनके लिए ये किसी दूसरी दुनिया की तरह था। सावित्री, माँ की गोद में ही सो गयी थी। आखिरी में रिंग मास्टर के साथ बाघ और बब्बर शेर मंच पर दाखिल हुए, शेर पिंजरे में था लेकिन बाघ बाहर था, इस दृश्य को देखते हुए फलेश्वर को लगा कि ये तो राजमहल का बाघ है जो यहाँ आ पहुँचा है, वह कन्धों को सिकुड़ते हुए पिता से चिपक गया। शेर और बाघ को साक्षात सामने देख कर रामसुभग भी थोड़ा भयभीत हो गया लेकिन चेहरे पर उभर आये, भय को छुपाते हुए उसने फलेश्वर का हाथ जोर से पकड़ लिया जैसे उसे समझा रहा हो डरो मत मैं हूँ ना। सर्कस का शो रात आठ बजे खत्म हुआ बच्चों की आँखों में नींद उमड़ रही थी, गाँव में सोने का यही समय तो होता है, गाँव वापस जाने के लिए कोई गाड़ी नहीं थी अत: रामसुभग ने यात्री प्रतीक्षालय में सपरिवार रात बिताई।

जो सड़क रामसुभग से मित्रवत जुड़ी हुई थी, आधी जिन्दगी जिस सड़क पर चलते-फिरते गुजर चुकी थी, वही सड़क अब फलेश्वर की दिनचर्या से जुड़ गयी। खलासी का काम करते हुए उसे सड़क की पूरी स्थिति मालूम हो गयी थी, कहाँ पर पेड़ हैं, कहाँ पर मोड़ है, कहाँ पुल है, कहाँ सड़क पर गड्ढा है, कहाँ सड़क संकरी है तो कहाँ चौड़ी है। इतने वर्षों में संकरी सड़क और भी तंग हो चली थी, उस पर भारी वाहनों की आवाजाही से दिन-ब-दिन जर्जर होने लगी। इस्पात, कोयला, बॉक्साइड तो कभी बड़ी-बड़ी मशीनों से लदे ट्रक, सड़क को रौंदते हुए निकलते तो जर्जर सड़क जैसे पहियों के नीचे दब जाती।

इतने वर्षों बाद क्षेत्रवासी बड़े प्रसन्न हैं। सरपंच ने बताया कि अब पुरानी सड़क को उखाड़कर सरकार इसकी जगह पक्की-चौड़ी सड़क बनवाने वाली है। एन. एच. पहले 78 थी फिर 43 हुई, नाम के बाद अब उसका स्वरूप भी बदलने वाला है। पहले तो लोगों को विश्वास ही नहीं हुआ,फिर एक दिन लोगों ने सड़क पर बुलडोजर को देखा जो सड़क को खखोर रहा था, यह काम कई महीनों तक चला। अब उस संकरी सड़क का कहीं नामोनिशान नहीं था, बड़ी-बड़ी मशीनें आ गयीं, सड़क निर्माण अपनी गति से चलने लगा, कभी तीव्र तो

कभी मद्धिम। गाँव के लोग उन मशीनों को देखने आते जैसे वर्षों पहले सड़क निर्माण कार्य को देखने आते थे। लेकिन पता नहीं एक दिन ऐसा क्या हुआ कि भीमकाय मशीन तो सड़क पर खड़ी रह गयी लेकिन काम करने वाले नदारत हो गये। हफ्ते-दो हफ्ते फिर कई महीने बीत गये। लोग आपस में बातें करते कि साउथ का ठेकेदार था, पता नहीं क्या हुआ कि वह काम छोड़कर वापस चला गया। कुछ लोग कहते अरे ये राजनीति है, तो कोई कुछ कहता, जितनी मुँह उतनी बातें। सड़क किनारे खड़ी जे. सी. बी. मशीन गाँववालों को भारी भरकम शरीर लिए, सूँड़ लटकाये, विघ्नहर्ता, विनायक की मूर्ति सी जान पड़ती, वे आते-जाते मशीन को उम्मीद भरी नजरों से देखते। मशीन अब भी भरोसा दिलाती कि देर-सबेर ही सही काम जरूर होगा।

इसी भरोसे के साथ बरसात का समय भी आ पहुँचा। जैसे-जैसे पानी जमीन में समाता गया, सड़क पर कीचड़ बढ़ने लगा, इतना कि आये दिन कोई भारी वाहन उसमें फँस ही जाता फिर उसे बड़ी मशक्कत से निकाला जाता। छोटी गाड़ियाँ कीचड़ से नहा जाती, दुपहिया वाहन फिसल कर गिर जाते। पिछले हफ्ते ही एक दुखद घटना घटी, एक मोटर साइकल सवार अनियन्त्रित होकर ट्रक के नीचे आ गया, ड्राइवर ने बचाने की कोशिश की लेकिन पिछला पहिया उस आदमी के ऊपर से गुजर गया। आये दिन अख़बारों में सड़क दुर्घटना की खबरें छपतीं, ख़बर पढ़कर कुछ लोग अफ़सोस करते तो कोई सरकार को कोसते। अब बच्चों का स्कूल जाना भी दूभर हो गया, प्राइवेट बस वालों ने भी हाथ खड़े कर लिये। अब बच्चों को उनके अभिभावक स्कूल छोड़ने और लेने जाते। कुछ बच्चे पैदल ही स्कूल जाते, वे स्कूल तो पहुँचते लेकिन कीचड़ में सन कर। अब जिसे बहुत ज़रूरी काम होता वही यात्रा करते। लोग कहते–"यह प्रदेश की सबसे खस्ताहाल सड़क है।"

एक दिन रामसुभग की तबीयत अचानक ख़राब हो गयी, रात में नीम बेहोशी में वह जैसे ख़ुद से बात कर रहा था, तबीयत ख़राब होने पर वह ऐसा ही करता, वह बड़बड़ा रहा था–"मैं तो मर जाहूँ, बकी तहूँ नयी बाचबे। ओ बुलडोजर गाड़ी अइसने सड़क धरी ठड़होय रही, अऊ तैं मोरेच कस छटपटाय-छटपटाय मइर जाबे।" फलेश्वर और फुलमनिया भी रातभर जागते रहे। सुबह फलेश्वर गाँव के बैगा को बुला लाया, उसने झाड़-फूँक की, जड़ी-बूटी पीस कर पिलाया, फिर भी तबीयत नहीं सुधरी तो आनन-फानन में सरजू साहू की मार्शल गाड़ी से उसे इलाज के लिए अम्बिकापुर ले जाया जाने लगा। सड़क,

सड़क तो थी नहीं पर लोग उसे सड़क ही कहते। सड़क पर वाहनों की लम्बी कतार लगी थी। एक घंटे बाद किसी तरह साइड लेते हुए ड्राइवर ने गाड़ी आगे बढ़ाई। गाड़ी हिचकोले खाती हुई धीमी गति से आगे बढ़ने लगी लेकिन शायद रामसुभग को जल्दी थी, अम्बिकापुर पहुँचने के पहले ही उसने अपनी आँखें मूँद लीं। फलेश्वर चुप था, आँखों के कोरों से दो बूँद आँसू टप-टप टपक पड़े। फलेश्वर की बगल में बैठे फूलसाय चाचा ने कहा–"बाबु अब अस्पताल जाये के कोनो फायदा नयी होही।" फलेश्वर की मौन स्वीकृति पा कर ड्रायवर ने वापसी के लिए गाड़ी मोड़ ली। गाड़ी के साथ रामसुभग का शान्त निश्चल शरीर भी बार-बार हिल-हिल उठता। रामसुभग और एन.एच.43 की मित्रता कितनी पक्की निकली, साथ जन्मे, साथ पले-बढ़े और आखिर दोनों ने एक साथ अन्तिम साँस ली। राहगीरों ने आज, बतौली और रघुनाथपुर के बीच कीचड़ से लथपथ, चोट से भरे, अशक्त, बेसहारा एन.एच. 43 को औंधे मुँह पड़ा पाया।

आई. डी. प्रूफ

शोध-पत्र के वाचन के पश्चात् किये जा सकने वाले प्रश्नों को लेकर मन में कई-कई विचार आ रहे थे। सम्भावित प्रश्नों के उत्तर भी मैंने सोच रखे थे। मैं बड़े उत्साह से संगोष्ठी में सम्मिलित होने की तैयारी करने लगी। संगोष्ठी का विषय मुझे बार-बार उत्साहित और उद्वेलित कर रहा था। शासकीय महाविद्यालय सतना में दो दिवसीय राष्ट्रीय शोध संगोष्ठी का आयोजन किया गया था। विषय अत्यन्त रुचिकर था, आदिवासी और गैर आदिवासी दोनों ही समुदाय के शोधार्थी बड़ी तादाद में उपस्थित थे। प्रश्नोत्तर के दौरान शोधार्थियों के पुस्तकीय और अनुभवजन्य दोनों ही प्रकार के ज्ञान का परिचय मिल रहा था।

भोजनावकाश में विभिन्न प्रान्तों से आये हुए साहित्यप्रेमियों से रूबरू होने का सौभाग्य प्राप्त हुआ। भोजन करते हुए विषय से सम्बन्धित कुछ चर्चाएँ होने लगीं। हैदराबाद से पधारे शोधार्थी बड़े उत्साहित थे। हमें अलग-अलग संस्कृतियों से परिचित होने का अवसर मिला। एक शोधार्थी ने आदिवासी संस्कृति की बात छेड़ी उनके सपने, संघर्ष और चुनौतियों पर चर्चा होने लगी। इसी बीच किसी ने कहा– आदिवासी आज भी अलग-थलग हैं, वे स्वयं दूर-दूर रहना चाहते हैं। मैंने तर्क देते हुए उनकी बात का विरोध किया लेकिन वे मानने को तैयार नहीं हुए।

एक दिन पहले की ही तो बात है छत्तीसगढ़ प्रान्त से हम चार शोधार्थी संगोष्ठी में सम्मिलत होने आ रहे थे। चिरमिरी-रीवा ट्रेन में बिजुरी से दो यात्री सवार हुए। बातों व हाव-भाव से पता चला कि वे पति-पत्नी हैं। पुरुष यात्री के व्यक्तित्व से गम्भीरता झलक रही थी, वे मितभाषी लग रहे थे। मैंने पूरी यात्रा के दौरान उन्हें हँसते नहीं देखा। हम रिजर्वेशन बोगी में थे उसमें कुछ ऐसे लोग भी घुस आये थे जिनका रिजर्वेशन नहीं था और उन्हें अगले एक-दो स्टेशनों में उतर जाना था। पूरी रिजर्वेशन बोगी ऐसे लोगों से खचाखच भर

गयी। ट्रेन में टाइम पास के लिए मूँगफली बड़ा अच्छा साधन है। दो सहयात्री मूँगफली खाने और बातचीत में मशगूल थे, वे मूँगफली खाकर छिल्का वहीं पैरों के पास फेंकने लगे। पिछले स्टेशन पर ही हम आपस में स्वच्छता पर बात कर रहे थे। स्टेशन पर जागरूकता के लिए एक बैनर लगाया गया था जिसमें लिखा था 'स्वच्छ भारत स्वस्थ्य भारत' हमने उसकी भाषा पर टिप्पणी करते हुए सुधार कर दुहराया था 'स्वच्छ भारत स्वस्थ भारत'। मेरे सहयात्री साथी ने कहा– स्वच्छता अभियान तो चला दिया लेकिन कहीं कूड़ादान दिखाई नहीं दे रहा है कचरा फेंकने वाले को जब कूड़ादान नहीं दिखाई देता है तो वे कहीं भी कचरा फेंक देता है। मैंने कहा– अरे! कुछ लोग तो कोई खाली जगह तलाश किये बिना कहीं भी कचरा फेंक देते हैं। मूँगफली खा रहे उस सहयात्री को देख कर ऐसा लग रहा था कि जैसे उसे पैरों के पास ही खाली और उपयुक्त जगह दिखाई दी और वह वहीं मूँगफली के छिलके फेंकने लगा था। जब उन्होंने खरीदी हुई आधी मूँगफली खा ली तब बिजुरी से सवार हुए गम्भीर मुख मुद्रा वाले सज्जन को बर्दाश्त नहीं हुआ और उन्होंने मूँगफली खाने वालों से पूछा– आप लोग नौकरी करते हैं? उत्तर में उन्होंने हाँ की मुद्रा में सिर हिलाया। तब उन सज्जन ने पुन: कहा फिर तो आप लोग पढ़े-लिखे होंगे? फिर तो उन्होंने उन दोनों को ऐसा लताड़ा कि एक यात्री तो अगले स्टेशन में ही वहाँ से खिसक लिया और दूसरे ने माफी माँगते हुए कहा– क्या करें सर, आदत पुरानी है छूटने में समय लगेगा। हमने भी उन सज्जन का साथ देते हुए उसे समझाइस दी कुछ देर बाद वे सज्जन सहज हुए और हमसे, हमारे गन्तव्य स्थान और जाने का प्रयोजन पूछा उनकी बातों से ऐसा लग रहा था जैसे वे हमारे बारे में सब कुछ जान लेना चाहते हैं। जब हमने पूछा कि आप लोगों को कहाँ जाना है? तो उन्होंने अनमने ढंग से जवाब दिया– सतना। उनके हाव-भाव देखकर ऐसा लग रहा था कि वे अपने बारे में बताना नहीं चाहते हैं।

कुछ देर बाद मैले-कुचैले वस्त्र पहने बारह-तेरह साल का एक लड़का कम्पार्टमेंट में आया और बिना कुछ कहे सफाई करने लगा पास ही पड़े मूँगफली के छिलकों को झाड़ू से बटोर कर आगे ले गया। बोगी में झाड़ू लगाने के पश्चात् उसने बिना कुछ कहे हमारे सामने अपने दोनों हाथ फैला दिये। हमसे पाँच-पाँच रुपये के दो सिक्के लेकर वह वहाँ से चला गया। उस बच्चे को जाते हुए मैं ध्यान से देख रही थी। मुझे कुछ बेचैनी सी हुई और ऐसा लगा

जैसे भीतर ही भीतर कुछ अटक कर रह गया है जो मुझे परेशान कर रहा है।

मैंने आँखें मूँद लीं और मुझे झपकी सी आ गयी। एक कड़क आवाज– अपना टिकट दिखाइए, सुनकर मैं चौंक गयी। मैंने पर्स टटोला और टिकट आगे बढ़ा दिया। टी.टी. ने अपने हाथ में रखे चार्ट पर टिक लगाया और मेरे चेहरे को घूरते हुए फिर उसी आवाज में पूछा– आई. डी. प्रूफ है? हम जैसे पहले से ही तैयार थे, एक साथ हम चारों साथियों ने अपना आई.डी. प्रूफ टी.टी. की ओर बढ़ा दिया। टी.टी. ने आश्वस्त होकर गम्भीर मुख मुद्रा वाले हमारे सहयात्री की ओर देखा। उन्होंने टी.टी. को अपना नाम चन्द्रशेखर उपाध्याय और पत्नी का नाम सावित्री बताया। टी.टी. ने बिना कुछ कहे अपने चार्ट पर टिक लगाया और अगले कम्पार्टमेंट में चले गये। मुझे आश्चर्य हुआ कि टी.टी. ने उनसे न टिकट माँगा और न ही कोई आई. डी. प्रूफ। मैं मन-ही-मन कुछ सोचने लगी। मैंने यह सोचकर तसल्ली कर ली साधारण रंग-रूप और एक विशिष्ट पहचान ही हमारे साथ ऐसी परिस्थितियाँ निर्मित करती है।

बाथरूम से सटकर फटे-पुराने कपड़े पहने एक आदमी बैठा था वह कुछ डरा-सहमा सा दिखाई दे रहा था। माथे पर उभर आयीं लकीरें बता रही थीं कि वह कुछ सोच रहा है। अचानक वह चिहुँक उठा फिर इधर-उधर देख पालथी मोड़ कर बैठ गया।

नत्थूलाल पढ़ना चाहता था उसे पिता के द्वारा मरे जानवरों की खाल उतार कर बेचने का काम बिल्कुल पसन्द नहीं था। इसके लिए उसे अक्सर पिता का कोपभाजन भी बनना पड़ता। पिता कहते– "तोंहका पढ़-लिख के लाठसहबी करय का है? बेटवा! हमार इहय काम आय। एहीं से हमरे रोजी-रोटी के जुगाड़ होई जात है, अउर हमका का चाही।" वे बेटे को समझाने का प्रयास करते, लेकिन नत्थूलाल का बाल मन इसे स्वीकारने को तैयार न होता। यह उसकी जिद थी कि आज वह कक्षा पाँचवीं का छात्र था। पाठशाला में अन्य विद्यार्थी उसके साथ अजीब सा बर्ताव करते, न उसे खेल में सम्मिलित करते न ही उसके साथ टिफिन खाते। वैसे उसके पास दोपहर में खाने को कुछ नहीं होता, कभी-कभी उसकी माँ भुने चने, या सूखी रोटी जैसी चीजें पोटली में बाँधकर बस्ते में रख देती जिसे वह लंच टाइम में पाठशाला के प्राँगण के कोने में बैठकर अकेला ही खाता। कुछ सहपाठी बड़े भले थे, अपने टिफिन से रोटी और मठरी जैसी चीजें बाँटकर खाते। उनसे ये चीजें लेते हुए नत्थूलाल जाने

क्यों हिचकिचाता लेकिन उन्हें मना नहीं कर पाता। कुछ बच्चे चिढ़ाते हुए कहते– ले, ले नत्थूलाल तुम्हारे घर में ये कहाँ मिलता होगा। नत्थूलाल मठरी हाथ मे लेकर मुट्ठी जोर से भींच लेता।

चोटी वाले मास्टरजी बड़े सख्तमिमाज थे। बादल की गड़गड़ाहट सी उनकी आवाज थी, जैसे गला बैठा हो। गोरा रंग, माथे पर लाल चंदन का तिलक, आँखों में तेज। बच्चे उन्हें देखकर पहले ही भय खाते। बाहर से नारियल की तरह कठोर मगर भीतर से उतना ही कोमल। मगर उनकी कोमलता एक दायरे तक ही सीमित थी। वे नत्थूलाल से नौ का पहाड़ा पूछते और अन्य विद्यार्थियों से दस, ग्यारह का। जब नत्थूलाल बीच में अटकता तो मास्टरजी घूर कर देखते और कहते– "नत्थुवा तुम ठाकुर के लड़कों की बराबरी नहीं कर पाओगे।" यह बात नत्थूलाल को तीर सी चुभ जाती। एक दिन नत्थूलाल का बालमन विद्रोह कर उठा। विद्रोह के बीज भीतर ही भीतर जाने कब से अंकुरित हो रहे थे यह उस बच्चे को समझ नहीं आया। उसने एक दिन बड़ी गलती कर दी, मास्टरजी की आँखों से आँखें मिला लीं। फिर इसके बाद क्या था, मास्टरजी ने अपनी सारी मास्टरी नत्थूलाल के हाथ पर उतार दी, पीठ भी लाल हो गयी। बेंत की मार की पीड़ा असहनीय हो जाने के बाद नत्थूलाल दौड़ने लगा। मास्टर साहब का गुस्सा इतने पर ही शान्त नहीं हुआ उन्होंने उसे लाठी फेंक कर मारा और उसे पाठशाला से ही भगा दिया। वे तो नत्थूलाल को पाठशाला में दाखिला ही नहीं देना चाहते थे, लेकिन घर की साफ-सफाई करने वाली नत्थूलाल की माँ ने मास्टर साहब के पाँव पकड़कर कहा– "मास्साब किरपा करी, लड़िका पढ़ि लेई त कम से कम आपन पेट त पाल लेई।" और मास्टरजी ने नत्थूलाल को पाठशाला में दाखिला देकर जैसे उसकी अर्जी सुन ली थी।

ऊपर की बर्थ पर बैठे उपाध्याय जी कुछ बेचैन लग रहे थे। बीच-बीच में उनकी दृष्टि हम सब पर भी ठहर जाती, हमारी आपसी बातचीत और हँसी को सुनकर। उनके मुखमंडल को देखकर ऐसा लग रहा था मानो वर्षों से उनके मुख पर हँसी नहीं आयी थी। उनकी नजर पुलिस की नजर सी चौकन्नी थी, बाथरूम से सटकर बैठे आदमी की पोटली के इर्द-गिर्द कुछ मक्खियाँ भिनभिना रही थीं। वे कुछ देर तक उसे घूरते रहे और फिर नाक पर रुमाल रखा और उस आदमी को खा जाने वाली आँखों से देखते हुए रौबदार आवाज से पूछा– क्या रखा है इस पोटली में? वह आदमी इतना घबरा गया कि लगभग उछलते हुए

उठ खड़ा हुआ। उपाध्याय जी ने फिर अपना सवाल दुहराया– क्या रखा है इस पोटली में? उस आदमी की घिघ्घी बँध गयी, मुश्किल से थूक निगलते हुए कहा– साहब इसमें चमड़ा है। हम चमड़ा बेच कर अपना गुजारा करते हैं। उपाध्याय जी का पारा जैसे सातवें आसमान पर चढ़ गया वे चिल्ला कर बोले– शर्म नहीं आती, रिजर्वेशन बोगी में चमड़ा लेकर बैठे हो। उतरो गाड़ी से और दरवाजे के बाहर घृणा से थूक दिया। अगले स्टेशन पर जैसे ही गाड़ी रुकी वह आदमी तेजी से नीचे उतर पड़ा। मैंने खिड़की से बाहर झाँक कर देखा, उसने जाते हुए एक बार पलट कर पीछे देखा था और कुछ बुदबुदाते हुए भीड़ में गुम हो गया। पता नहीं उसका गुस्सा तिलकधारी उस मास्टरजी के लिए था जिन्होंने उसे पाठशाला से निकाल दिया था या ट्रेन में बैठे उस उपाध्याय जी के लिए जिसने उसे अपमानित कर उसके गन्तव्य से पहले ही ट्रेन से पहले उतर जाने को विवश कर दिया था।

उस आदमी को बेइज्जत कर भगा देने के बाद उपाध्याय जी के चेहरे पर विजयी मुस्कान तैर गयी थी। तन कर बैठते हुए हमारी ओर देख कर कहा– ऐसे लोगों को सुधारना मुश्किल है। बिना उनकी ओर देखे मैं उनकी बातें सुन रही थी। मेरी नजर तो ट्रेन के सामांतर नागिन सी लहराती-बलखाती, दौड़ती पटरियों पर टिक गयी थी। मेरे भीतर जैसे कुछ कट कर रह गया था।

अन्धेरा हो चला था और बाहर का दृश्य भी धुँधलाने लगा था। रात्रि के नौ बजे हम साथ में लाये भोजन के पैकेट खोलने लगे। साइड लोअर सीट पर बैठी उपाध्याय जी की पत्नी ने भूमिका बनाते हुए हमसे बातचीत शुरू करते हुए कहा– आप लोग घर से ही बना खाना लेकर आये हैं। अरे हम तो ट्रेन से यदाकदा ही सफर करते हैं, कल ड्राईवर अचानक छुट्टी पर चला गया और आनन-फानन में हमें ट्रेन से यात्रा करनी पड़ रही है। मैं जल्द बाजी में घर से खाना भी नहीं रख पायी। मेरे पतिदेव स्टेशन से जूस और बिस्किट ले आये हैं, उन्होंने पॉलीथीन में रखे सामान की ओर इशारा करते हुए बताया। उनके पतिदेव पहले ही ऊपर की बर्थ पर चले गये थे और आँखें मूँद कर लेटे हुए थे। पत्नी ने जूस देते हुए पति से कहा– लीजिए जूस पी लीजिए। उन्हें देखकर लग रहा था कि पति-पत्नी के बीच बड़ा प्रेम है। हमारे भोजन कर लेने के बाद उपाध्याय जी की पत्नी ने बातचीत शुरू करते हुए बताया कि कल करवाचौथ है इसलिए हम लोग पुस्तैनी घर जा रहे हैं, वैसे मेरे पति कोलमाइंस में अधिकारी

हैं। मैंने मुस्कुराते हुए कहा– पतिदेव से कहियेगा कि वो भी आप के लिए व्रत रखें। मेरी बात सुनकर वो मुस्कुराई और अपने पति की ओर देखने लगी। हम अपने-अपने बर्थ पर चादर बिछा कर सोने की तैयारी करने लगे। मैं अपनी आँखें बन्द कर लेटी रही, मगर न जाने क्यों नींद नहीं आ रही थी। मुझे बार-बार बाथरूम के पास बैठे उस व्यक्ति का चेहरा याद आ जाता। मैंने भींच कर अपनी आँखें बन्द कर ली और सोने की कोशिश करने लगी।

दूर तक रेत का समंदर फैला हुआ था उसमें चलते हुए मेरे पाँव धँस जाते, तो गर्म बालू, पैरों को जल्दी से उठा लेने को प्रेरित करते। आखिरकार मंजिल आ ही गयी, लम्बी कतार थी, सबको अपनी बारी की प्रतीक्षा थी। बड़ी मशक्कत के बाद भगवान जगन्नाथ के दर्शन का सुख मिलने वाला था। सामने खड़े थुलथुल, काले रंग के पंडा ने कहा– अपना नाम बताइए? मैंने कहा– मरियम। उसने भौंहे सिकुड़ते हुए मेरी ओर देखा और साथी पंडे से कहा– ये कैसे अंदर आ गयी? ये दर्शन नहीं कर सकती, इन्हें बाहर निकालिए। मैंने निवेदन करते हुए कहा– जब यहाँ तक आ ही गयी हूँ तो अंदर जाने दीजिए, मैं शोध छात्रा हूँ, मुझे कुछ देखना-समझना है। पंडे ने कहा– देवी जी भगवान को समझा नहीं जाता, उनकी पूजा की जाती है। उन्हें आप जैसी नहीं, सच्चे भक्तों की भक्ति चाहिए। आप जाइये और पहले खुद को समझिये। मैं मन मार कर पीछे लौटने लगी।

चलते-चलते पैरों में दर्द होने लगा फिर भी मैं मन्दिर की सीढ़ियाँ चढ़ने लगी। इतनी सीढ़ियाँ थीं कि बीच में ही गिनना छोड़ दिया बस अपने कदम ही गिन रही थी मैं थक गयी थी और किसी तरह मन्दिर तक पहुँचना चाह रही थी। मन में एक ही कल्पना थी कि आल्हा और ऊदल नगाड़ा बजाते हुए कैसे दिखते होंगे। वे भोर में कितनी जल्दी मन्दिर में पूजा करने जाते होंगे कि सुबह सबसे पहले पूजा करने पहुँचे पुजारी को पहले से ही चढ़ाए, पूजा के ताजे फूल देवी के सम्मुख मिलते हैं। गाड़ी की गति धीमी हो गयी थी और एक झटके में गाड़ी, पहियों से रगड़ खाती हुई रुक गयी। एक यात्री ने लाइट चालू कर दी और हमारे कम्पार्टमेंट में रौशनी फैल गयी। एक बुजुर्ग से व्यक्ति सीट के नीचे से अपना सामान खींचते हुए कह रहे थे– चलो भाई! देवी माँ की पावन भूमि मैहर पहुँच गए। मेरी अलसाई आँखें झट से खुल गयीं। सबसे पहले मेरी नजर ऊपर की ओर गयी जहाँ उपाध्याय जी चैन से सो रहे थे। मैं गाड़ी से नीचे उतरी

और एक मिनट टहल कर फिर वापस गाड़ी में आ गयी और गेट पर खड़ी हो गयी। कुछ देर बाद एक झटके से गाड़ी चल पड़ी थी। दूर गाड़ी के सामांतर कोहरे से ढँका, विशालकाय पहाड़ सरकता हुआ दिखाई दे रहा था। धीरे-धीरे पहाड़ पीछे छूट गया और गाड़ी ने रफ्तार पकड़ ली। अलसायी सुबह सभी यात्रियों पर भारी पड़ रही थी, यात्री अपने-अपने बर्थ पर यूँ ही लेटे हुए थे।

संगोष्ठी के दूसरे दिन, दोपहर के भोजन के दौरान एक प्रतिभागी की कही गयी बात कि–आदिवासी स्वयं अलग-थलग रहना चाहते हैं। इस कथन पर मैं वापसी के दौरान ट्रेन में अपने बर्थ पर लेटे-लेटे सोचने लगी कि मूँगफली खाकर हमारे पैरों के पास कचरा फेंकने वाले पर मुझे गुस्सा तो आया था, मैं अपना क्रोध भी प्रकट करना चाहती थी लेकिन वो कौन सी बात थी जिसने मुझे कुछ कहने से रोक दिया और वह बात मेरे गले में अटक कर रह गयी थी। वहीं हमारे सहयात्री उपाध्याय जी ने अपनी रौबदार आवाज में कचरा फेंकने वाले को उसकी औकात बता दी थी। टी.टी. अपनी कर्कश आवाज में टिकट और आई. डी. प्रूफ माँगते हुए हमारे चेहरों को घूरते हुए आख़िर क्या जताना चाहता था। वहीं चन्द्रशेखर उपाध्याय नाम सुनकर उसकी भाव भंगिमा क्यों बदल गयी थी। हमारे देश में जातिवाद की जड़ें बहुत गहराई तक पहुँची हुई हैं, कुछ क्षेत्रों में तो जैसे उन जड़ों का जाल सा बिछा हुआ है जिसमें सारा समाज उलझा हुआ है। एक झटके में ट्रेन के रुकने के साथ टी.टी. की आवाज– टिकट दिखाइयेगा सुनकर मैं हड़बड़ा कर उठ गयी और पर्स में अपना टिकट और आई. डी. प्रूफ ढूँढ़ने लगी, हाथ में आई. डी. प्रूफ तो था लेकिन अगले ही पल उँगलियाँ ढीली पड़ गयीं, अब हाथ में टिकट थी जिसे मैंने टी.टी. की ओर बढ़ा दिया, उसने टिकट चेक किया और आगे बढ़ गया। मैंने एक कप चाय ली, चाय पीते हुए बाहर देखने लगी, गाड़ी की रफ्तार बढ़ रही थी, और प्लेटफार्म में जल रही मर्करी की रौशनी खिड़की के शीशे से छन कर आती हुई कंपार्टमेंट में फैल गयी थी।

गोरक्षक

सैकड़ों घंटियों की एक साथ आवाजें! यह मन्दिर की घंटियों की ध्वनि नहीं थी, ये ध्वनियाँ दूर से पास आती, नींद में ख़लल डाल रही थीं। कुमुद उन्नींदी थी, रात भर ठीक से सो न सकी थी, नयी जगह पर पहली रात कभी-कभी बड़ी बेगानी लगती है और अगर रात में अचानक नींद खुल जाये तो आदमी एक क्षण को भौचक्क हो छत की ओर एकटक देख कर कुछ समझने का प्रयास करता है कि आखिर वह किस जगह पर है, कभी-कभी अपने ही घर में सोते हुए ऐसा घटित हो जाता है, फिर कुमुद तो अप्रत्याशित तबादले द्वारा अपने गृहग्राम से लगभग चार सौ किलोमीटर दूर एक अनजान जगह पर थी। एक दिन पहले ही कार्यभार ग्रहण किया था। एक कस्बा, वह भी प्राचीन तौर-तरीके से सुसज्जित, घरों में एक ही छोटी सी खिड़की, घर के बाहर शौचालय। स्टाफ के एक सहयोगी के प्रयास से एक छोटा सा किराये का मकान मिला, जिससे सटा हुआ गोशाला और वहीं से खेतों की कतार दूर तक विस्तारित थी।

कमरे के भीतर शाम से ही झींगुरों ने कब्जा जमा लिया था, दो-चार झींगुर तो बिस्तर पर ही चढ़ आये थे, कुछ दूसरे कीट भी उड़-उड़ कर आ बैठे थे। जब कुमुद ने उन्हें भगाना चाहा तो वे अकड़ कर मूँछों पर ताव देते हुए, उन्हें एंटीना की तरह ऊपर-नीचे घुमाते हुए जैसे आदेश दे रहे थे कि कुमुद, जमीन पर ही बिछौना बना ले। पूरी रात चाँय-चाँय के स्वर से किसी जंगल का एहसास करा रहे थे। दूर से झींगुर की आवाज कर्णप्रिय लगती है, कविता लिखने को प्रेरित करती है लेकिन सिरहाने पर पूरी रात झींगुर का गान कर्कश लगता है, कहावतें ऐसे ही तो बनी होंगी जैसे कि दूर के ढोल सुहावने होते हैं। कुमुद ने झींगुरों को दुबारा भगाने की कोशिश नहीं की, बल्कि नींद को योग समझ कर, झींगुरों की कर्कश ध्वनि के साथ समायोजित करने के प्रयास में कभी अचानक जाग जाती तो कभी धीरे-धीरे नींद के आगोश में चली जाती, जैसे योग दिवस के दिन योगाभ्यास के दौरान योग गुरु के यह कहने पर कि आप

आँखें बन्द कर अपनी आती-जाती साँसों की आवाज सुनिए, इस दौरान आप को बाहर की आवाज सुनाई ही नहीं देगी, पर बार-बार ध्यान मग्न होने के बाद भी बीच-बीच में पेड़ पर बैठी चिड़िया का चहकना ध्यान भंग कर ही देता।

घंटियों की ध्वनि अब बिल्कुल पास सुनाई देने लगी, छोटी-बड़ी घंटियों की ध्वनियाँ जैसे बरसात में खेतों से मेढकों की तरह-तरह से टर्राने की आवाज। कुमुद आँखें मलते हुए उठ बैठी और गलीनुमा सड़क की ओर खुलने वाले दरवाजे से बरामदे में आकर खड़ी हो गयी। सामने देखा, सैकड़ों की संख्या में गाय-बैलों का समूह एक निश्चित गति से धूल उड़ाता, गले में बँधी छोटी-बड़ी घंटियों की ध्वनि करता एक अनुशासन में आगे बढ़ता चला जा रहा था। एक चरवाहा सिर पर बाँस की हैटनुमा छतरी ओढ़े, जो लाल-हरे फुदनों से सजा हुआ था, हाथ में एक कलात्मक डंडा लिए हुए प्रसन्न मुद्रा में, गो समूहों को हाँक रहा था, इस समय वह किसी देवदूत सा ही दिखाई दे रहा था। कुमुद बालकनी में खड़ी, उस गली से भी लम्बी मवेशियों की उस कतार को, झुंड के सबसे पीछे चल रही सबसे कमजोर गाय और उसके दुधमुँहे बछड़े को जो चलते-चलते भी माँ के थन में मुँह मारने की कोशिश कर रहा था जाते हुए देखती रही। उस रेले के गुजर जाने के बाद गली में गोबर, गोमूत्र और धूल की मिली-जुली गंध फैल गयी थी।

बहोरन, रोज सुबह गायों को हाँकते हुए गली से निकलता, फिर वही घंटियों की ध्वनियाँ कानों में गूँजती, ये ध्वनियाँ अब कुमुद के लिए अलार्म का काम करतीं। अब उसे इन ध्वनियों की आदत हो गयी थी। महाविद्यालय प्राँगण को छूता हुआ बाँधनुमा विशाल तालाब और उसके एक सिरे पर छत्र की आकृति लिये बरगद का पेड़ एक रहस्य जैसे कुमुद को अपनी ओर आकर्षित करता। तबादले के बाद भतीजे अविनाश ने गूगल पर देख कर कहा था बुआ, आपका कॉलेज तो जंगल में है, वहाँ एक कुआँ भी दिखाई दे रहा है, सुन कर कुमुद एक क्षण को विचलित हो गयी थी उसकी कल्पनाओं में दूरस्थ अंचल का सुविधाविहीन कॉलेज दिखाई देने लगा था, ब्रह्मराक्षस, वह बाबड़ी, बरगद का पेड़ मिल कर कुमुद के मस्तिष्क में कवि मुक्तिबोध के रचना-संसार को साकार कर रहे थे। बहोरन और गायों का समूह उस बरगद की छाँव तले विश्राम करते फिर गाय-बैल, तालाब से अपनी प्यास बुझाकर बहोरन के निर्देशानुसार पास के जंगल की ओर प्रस्थान करते। कुमुद की जिज्ञासु प्रवृत्ति ने आखिर एक दिन

बहोरन और उसकी बाँसुरी से परिचय प्राप्त कर ही लिया जब उसकी बाँसुरी कमर में बँधे गमछे से निकल कर उसके ओठों पर चढ़ आयी थी।

बहोरन के साथ उसका कुत्ता झबरा भी साथ होता, जब गाय-बैल पानी पी रहे होते और पानी में हो रहे हलचल से मेढक पानी के ऊपर उछाल मारते हुए कभी डूबते तो कभी अपना सिर निकाल लेते, झबरा उन्हें ध्यान से देखता और उन पर छलाँग लगा देता, फिर जैसे अपनी असफलता को छुपाने के लिए पानी पीने का उपक्रम करता। बहोरन कहता–"झबरा, बइहा हो गये का ओ।" और झबरा कूँ-कूँ कर जैसे अपने मालिक को जवाब देता। उन दोनों का रिश्ता इंसानी रिश्ते से कमतर न था। बहोरन और चम्पा निःसन्तान दंपति थे, वे अपना सारा स्नेह झबरा पर ही लुटाते। बहोरन जब दोपहर का भोजन, लोटा जैसे एल्यूमीनियम के पात्र से निकालता तो दोने में रखी कांदा भाजी की महक तो कभी कढ़ी-भात, झबरा को भी ललचाता, आखिर उसे पता होता कि देगची में रखे भोजन में उसका भी थोड़ा हिस्सा है। सारा दिन जंगल में गाय-बैलों के गले में बँधी टुन-टुन करती घंटियाँ, तरह-तरह के पक्षियों का चहकना, जरा सी आहट पर झबरा का भौंकना और बहोरन की बाँसुरी की स्वरलहरी का सामंजस्य, बहोरन को आनन्द और रोमांच से भर देता। गोधूलि बेला जंगल से लौटते, बहोरन के मुखमंडल पर मलिनता होते हुए भी एक चमक, धूल-धूसरित परत के नीचे से थोड़ी सी दिख ही जाती जैसे बादलों से ढके डूबते सूरज की आभा किनारों से झाँकने लगती है।

आज बहोरन के पड़ोस में रहने वाले रामदयाल साहू के मोबाइल पर बहोरन के लिए एक खबर आयी कि उसे अपनी पत्नी के साथ उसके मायके जाना है, जमीन विवाद का मामला है। चम्पा की एक बड़ी बहन है जो गाँव में ही ब्याही है। पति खेती किसानी के साथ कभी-कभी मुंशीगिरी जैसे काम कर लेता है फिर भी चार बच्चों की परवरिश के लिए रुपये कम पड़ते। सास-ससुर की मृत्यु के पश्चात् अब उनकी पैतृक संपत्ति चम्पा और बड़ी बहन सोनमेत को ही मिलेगी। बहोरन ने कभी ससुराल की जमीन के लिए लालच नहीं किया लेकिन चम्पा, जमीन के उस टुकड़े को माता-पिता की निशानी समझ कर अपना हिस्सा लेना चाहती थी, उस जमीन के बहाने ही चम्पा का मायके से रिश्ता भी बना रहेगा, नहीं तो लोगों को रिश्तेदारियों को भुला देने में कितना समय लगता है। एक बार जीजाजी ने चम्पा से कहा था– "चम्पिया तुम्हारे

बाल-बच्चे नहीं, जमीन लेकर क्या करोगी।" चम्पा ने कहा–"हाँ, आप ठीक कह रहे हैं।" ऐसी हँसी-मजाक और सामान्य सी बातें कब गम्भीर हो जायेगी और कोर्ट कचहरी तक पहुँच जायेगी, चम्पा को पता नहीं था। सोनमेत बड़ी बहन थी इस लिए माता-पिता की मृत्यु के पश्चात् जमीन उसके नाम पर हो गयी। पति की नीयत तो पहले ही खराब थी, ग्राम पंचायत में निराकरण न हो पाने के कारण मामला कोर्ट तक पहुँच गया। बहोरन को कोर्ट कचहरी की बातें बिल्कुल नहीं पता लेकिन चम्पा के कहने पर वह अपनी ससुराल कटघोरा जाने के लिए चम्पा के साथ बस में बैठ गया।

बिलासपुर पहुँचने के पहले ही ड्राइवर ने बस की गति धीमी कर दी, क्योंकि उसके आगे भी कई गाड़ियाँ रुकी हुई थीं और जाम की स्थिति बन गयी थी। लोग बस और दूसरी गाड़ियों से उतर कर, जाम का कारण जानना चाह रहे थे। लोग आपस में बातें कर रहे थे, और देर होने के कारण परेशान हो रहे थे, सभी को आगे निकलने की जल्दी थी। एक व्यक्ति जो गाड़ी से उतर कर आगे बढ़ गया था, लौटते हुए बता रहा था– "अरे एक्सीडेंट हो गया है, दो गायों को किसी गाड़ी ने टक्कर मार दी, इसलिए कुछ लोग चक्काजाम करने की बात कह रहे हैं।" कहते हुए गुटके की पीक को अपने ही पैरों के पास पच्च से थूक कर अपनी बेपरवाही और देर होने की परेशानी का जैसे परिचय दे दिया, फिर पैर की उँगलियों पर पड़ गये पीक को दूसरे पैर के चप्पल से ही पोंछने की कोशिश करने लगा। बहोरन से रहा नहीं गया और चम्पा के रोकने पर भी यह कहते हुए बस से उतर गया कि– "और लोग तो जाथें, तैं बइठे रह मैं देख के आवत हँव।" बहोरन जहाँ भीड़ इकट्ठा थी, उधर ही बढ़ गया। दो मृत गायें सड़क के आधे हिस्से पर पड़ी हुई थीं, उनके ऊपर प्लास्टिक के बोरे डाल कर ढकने का प्रयास किया गया था, लेकिन चारों पैर बोरे से बाहर झाँक रहे थे, पेट फूल जाने से गायों का शरीर बेडौल हो गया था। कुछ उत्साही युवक 'गाय माता की जय' नारे की आवृत्ति कर रहे थे, तो कुछ युवक पालथी मार, सड़क के बीचोबीच बैठे हुए थे। बहोरन के लिए यह नया अनुभव था, उसे मामले की गम्भीरता नहीं पता थी। उसने पास खड़े एक आदमी से हिम्मत जुटा कर पूछा– "ये गाय मन एमने कर हवे का?" उस आदमी ने बहोरन की ओर बिना देखे ही संक्षिप्त जवाब दिया–"नहीं।"

उस आदमी की शक्ल देख कर, बहोरन चाह कर भी कुछ और पूछने

की हिम्मत न जुटा सका। वह धीरे से पीछे मुड़ा और बस में आकर बैठ गया। लगभग आधे घंटे बाद पुलिस के आने पर युवकों का गुस्सा शान्त हुआ। मामला शान्त होने पर, गाड़ियों को मरी हुई गायों के किनारे से निकाल कर आगे बढ़ाया जाने लगा। खिड़की के पास बैठे सवारी झाँक कर मृत गायों को देख रहे थे।

बहोरन के मस्तिष्क में पिछले साल की घटना कौंध गयी। एक गाय सड़क पर गाड़ी की ठोकर से घायल हो गयी थी, वहीं ठोकर मारने वाला मोटरसाइकल सवार भी बुरी तरह घायल हो गया था, उसे लोगों ने उठा कर अस्पताल पहुँचाया था, और गाय वहीं सड़क किनारे देर तक बैठी रही, किसी का ध्यान शायद उसके जख्म और दर्द की ओर नहीं गया। कटघोरा जाने वाली सड़क पर गाय-बैल झुंड-के-झुंड खड़े जुगाली कर रहे थे। गाड़ी चालक बड़ी मुश्किल से वाहन चला पा रहे थे। बहोरन मन-ही-मन सोचने लगा कि लोग चौपायों को यूँ ही क्यों खुला छोड़ देते हैं, उन्हें गोशाले में क्यों नहीं रखते। बरसात में जमीन गीली होने के कारण मवेसी सड़क पर ही बैठे या तो खड़े दिखाई देते हैं, चूँकि सड़क सूखी होती है चौपाये वहीं आराम से जम जाते हैं, उन्हें गाड़ियों की आवाजाही और चालकों की परेशानियों से क्या मतलब, जब पढ़े-लिखे आदमी की समझ विकसित नहीं हो पाती तो ये तो ठहरे जानवर।

कोर्ट कचहरी की लम्बी लड़ाई के बाद चम्पा के हिस्से, पाँच खेत और एक जगह समतल भूमि जिसमें कभी दलहन की खेती होती थी, मिले। दो खेत बिल्कुल सड़क के किनारे थे। बहोरन ने इस बरसात, ज्यादा समय कटघोरा में ही बिताया, अपने चचेरे साले के घर रुक कर वह, सड़क किनारे के दोनों खेतों को समतल करता रहा और एक सहयोगी मजदूर की सहायता से, छपरी बनाने में लगा रहा। लोग उस पर हँसते, बहोरन के लिए यह कोई नयी बात नहीं थी, लोग तो उसे पहले से ही बइहा कहते रहे हैं। यह दुनिया की रीत ही तो है, गायों की सेवा में यदि कोई बड़े नाम वाला व्यक्ति यह काम करता तो उसकी वाहवाही होती और उसके यश में और बढ़ोत्तरी हो जाती। बहोरन की मेहनत और प्रयास से दो छपरी बन गयी, छत को छींद और फूस से छा दिया गया, अब बहोरन की कल्पना में गाय-बैल अपने बछड़ों के साथ उन छपरियों के नीचे चैन से बैठे जुगाली कर रहे थे, अब सूखी भूमि की चाह उन्हें सड़क पर नहीं ले जायेगी, और कोई चौपाया सड़क दुर्घटना का शिकार नहीं होगा।

सोचते हुए बहोरन के मुखमंडल पर सन्तोष भरी मुस्कान तैर गयी लेकिन अगले क्षण ही चेहरे पर मलिनता उभर आयी।

बहोरन को छबीली से कितना लगाव था, उसकी कजरारी आँखें, अल्हड़पन, इठला कर चलना, वह समूह में सबसे अलग नजर आती, चम्पा भी छबीली की खूब देखभाल करती। छबीली में एक ही बुरी बात थी जो उसकी जान की दुश्मन बन गयी। पॉलीथीन के जहरीले रसायन ने आखिर एक दिन उसकी जान ले ली। पिछली एकादशी को ही तो बहोरन ने, मोर पंखों से बनाई गयी एक सुन्दर सी सोहई उसके गले में बाँधी थी, उसमें एक छोटा सा सीसा भी लटका दिया था। कभी जब छबीली स्थिर होती तो बहोरन, उसकी पीठ और गले पर हाथ फेरता और शीशे में अपना चेहरा देख, अपनी खुमरी को घुमा कर सिर पर ठीक से जमा देता। बहोरन ने छबीली के गले में सोहई इसलिए बाँधी थी ताकि वह आकर्षक दिखे साथ ही वह स्वस्थ और सुरक्षित रहे। सोहई ने छबीली की सुन्दरता तो बढ़ा दी लेकिन उसकी रक्षा न कर सकी। कजरी के मरने के बाद, बहोरन कई दिनों तक गाय चराने नहीं जा सका। चम्पा के चेहरे पर भी कई हफ्तों तक उदासी छाई रही। इस घटना के बाद बहोरन, कुछ अजीब व्यवहार करने लगा था, रास्ते पर पड़ी पॉलीथीन थैलियों को उठा कर एक झोले में भरता जाता, लोग उसे ऐसा करते हुए देखते लेकिन कारण नहीं समझ पाते। जब गाय बैल बाँधाटोला के बड़े तालाब से पानी पी रहे होते तो बहोरन, तालाब के किनारे कीचड़ में, अपने डंडे की सहायता से पॉलीथीन थैलियों को गाड़ देता फिर बरगद की घनी छाँव में इत्मीनान से बैठ जाता। जब सभी चौपाये पानी पीकर तृप्त हो जाते तो वह खुशी-खुशी उन्हें हाँकते हुए जंगल की ओर ले जाता।

चम्पा ने अपने कन्धे पर सिर रख कर सोते बहोरन को झिंझोड़ कर उठाते हुए कहा–"उठ कटघोरा पहुँच गयेन, नयी उतरबे का।" चम्पा को नहीं पता कि पिछले एक घंटे से बहोरन की पलकों के पीछे कितने सुनहरे सपने पल कर जवान हो चुके थे, कुछ सपने तो पहले ही साकार हो चुके थे। चम्पा भी तो मन ही मन मुस्कुराने लगी थी माता-पिता की विरासत आखिर उसे बार-बार मायके खींच ही लाती है।

जोरू का ग़ुलाम

भइया के कमरे के सामने से गुजरते हुए नीरज के कानों में एक शब्द सुनाई दिया साथ ही भाभी की मन्द मुस्कान भी कल्पना में उतर आयी।

ऐसा नहीं कि उसने यह शब्द आज पहली बार सुना। घर से लेकर मुहल्ले और रिश्तेदारों तक यह शब्द अपना असर दिखा रहा था नीरज दस वर्षों से इस शब्द को पचाने की कोशिश ही तो करता आ रहा है।

आज निशा के घर सुबह से गहमागहमी थी, आखिर आज उसे लड़के वाले देखने आ रहे हैं। निशा को बनाव शृंगार बिल्कुल पसन्द न था लेकिन सहेलियों ने जिद कर उसकी खजूर चोटी गूँथ दी, कान के पीछे बालों की लटें निकाल दीं, लिपिस्टिक और माथे पर एक छोटी-सी बिन्दी लगा दी। हाथ में कड़े और कानों में बुन्दे, एक बार तो निशा खुद को आइने में निहारते हुए शरमा ही गयी, पता नहीं अपने सौन्दर्य को निहार कर या आने वाले समय की कल्पना में खोकर।

शाम के चार बजे आखिर लड़के वाले आ ही गये। निशा के भाई और पिता मेहमानों की अगवानी कर ससम्मान बैठक कमरे तक ले आये। निशा के कमरे से आने वाली आवाजें भी जैसे दरवाजे की ओट लेकर अदृश्य हो गयीं और दरवाजे की झिर्री से झाँकने लगी। निशा ने बस एक बार नीरज की ओर देखा, उसके भैया पहले ही नीरज के बारे में बता चुके थे। नीरज देखने में ठीक ठाक था, उसके पास स्थायी नौकरी नहीं थी जबकि निशा हायर सेकेण्डरी स्कूल में लेक्चरर थी। निशा से भी ज्यादा पूछताछ नहीं हुई और चट मँगनी पट ब्याह तय हो गया।

सरकारी नौकरी वाली बहु पाकर निशा के ससुराल वाले बहुत खुश थे। शादी के कुछ दिन बाद निशा की जेठनी ने नीरज को चिढ़ाते हुए कहा–"देवर जी दुधारू गाय है, जरा ख़याल रखना।" नीरज– "भाभी आप भी न" इतना कहकर थोड़ा शरमा गया था नीरज। निशा समझदार लड़की थी, इस रिश्ते को

स्वीकार कर उसने समझदारी का ही तो परिचय दिया था। निशा की सहेली कामना ने निशा को समझाते हुए कहा था– "देख निशा अभी समय है तुम सोच समझ लो, बाद में पछताना न पड़े। अभी और बहुत से रिश्ते आयेंगे।"

निशा– "देखो कामना, जमाना बदल गया है, हमें भी तो अपनी सोच बदलनी चाहिए। जब लड़कियाँ हाउस वाइफ हो सकती हैं तो पुरुष हाउस हस्बैंड क्यों नहीं।" कामना निशा का चेहरा देख रही थी और पढ़ने की कोशिश भी कर रही थी जैसे निशा टीचर हो और कामना विद्यार्थी।

कामना– "चल ठीक है कोई जोरू का गुलाम भी तो होना चाहिए" यह कहते हुए कामना हँस दी।

निशा ने टोकते हुए कहा– "जोरू का गुलाम क्यों! क्या जो पत्नी नौकरी नहीं करती वह पति की दासी होती है?"

कामना ने हार मानते हुए कहा– "चल मेरी अम्मा तू जीती मैं हारी, चल सब ठीक होगा।"

नीरज ने एक दिन निशा से पूछा– "रजनी भाभी ने तुम्हें कुछ कहा तो नहीं? सुनो, अगर वो कभी तुम्हें चुभने वाली बात कह भी दे तो बुरा न मानना। भाभी कम पढ़ी-लिखी हैं थोड़ा कम समझती हैं।" नीरज, निशा से ये बाते कहते हुए जैसे खुद को तसल्ली दे रहा था। उसे पता था मुँहफट भाभी, मौका पा कर निशा को भी छोड़ने वाली नहीं थी।

एक साल बाद घर में खुशियों ने फिर दस्तक दी, निशा और नीरज एक प्यारे से बच्चे के माता-पिता बन गये। निशा को छः महीने का प्रसूति अवकाश मिला, इस दरम्यान बच्चे की देख-रेख में नीरज भी बराबर लगा रहता। कभी डाइपर बदलना, कभी दूध गर्म करना, बच्चे को कन्धे पर लेकर सुलाना यहाँ तक कि उसकी मालिश भी। रजनी भाभी ने एक दिन दबी जुबान से कहा– "देवर जी पत्नी को सिर पर न चढ़ाओ, ऐसा न हो, आप को बाद में पछताना पड़े।"

नीरज ने कबीर को थपकी देते हुए–"ऐसा कुछ न होगा, निशा को अभी आराम की जरूरत है, वह रात भर सो नहीं पाती, कबीर दिन में सोता है और रात में जागता रहता है। मैं तो सो जाता हूँ, निशा जागती रहती है और फिर वह पढ़ी-लिखी समझदार है, आप चिन्ता न करें।" नीरज की बाते सुनकर रजनी भाभी को लगा जैसे उसे कम पढ़े-लिखे होने का एहसास कराया जा

रहा है। वह नीरज पर भेदती हुई दृष्टि डालते हुए अपने कमरे में चली गयी। जाते-जाते कह गयी– "देवर जी आप तो बुरा मान गये, मैं तो आप के भले की बात कह रही थी।"

निशा पर काम का बोझ अधिक था। नौकरी और घर की जिम्मेदारियाँ निभाते हुए वह कभी-कभी खीझ जाती लेकिन नीरज हमेशा निशा को अपने साथ होने का एहसास कराता। जब निशा नाश्ता बनाती तो नीरज कबीर को स्कूल के लिए तैयार करता। शाम को कबीर को पढ़ाने की जिम्मेदारी भी नीरज की ही थी, क्योंकि रात का खाना निशा को बनाना पड़ता। सब कुछ तो ठीक चल रहा था। लेकिन रजनी भाभी को कुछ ठीक नहीं लगता। अवसर देख कर वह निशा को ताने देने से न चूकती। एक दिन निशा ने पलटकर जेठानी को जवाब दे दिया, फिर क्या था, जो चिंगारी राख में दबी हुई थी, भीतर ही भीतर सुलगने लगी।

घर का अहाता पहले कच्चा था, आर्थिक तंगी के कारण बस उसी से काम चलाया जा रहा था। अब कमाऊ बहू के आ जाने से कच्चे अहाते को तोड़कर पक्का बनाया जा रहा है। काम करने वाला राजमिस्त्री मुहल्ले का ही था, काम करते हुए वह नीरज से घुल-मिल भी गया था। एक दिन काम करते हुए ईंटों पर सीमेन्ट का मसाला डालते हुए वह नीरज से बोला– "देखिए, पड़ोस में आदमी, अपनी औरत का लहंगा सुखा रहा है, भइया जरा संभल कर।" पड़ोस की छत की ओर देखकर, राजमिस्त्री मंद-मंद मुस्कुराने लगा। नीरज के भीतर कुछ हलचल सी होने लगी और चेहरा पथरा गया, उसे लगा अहाते से ईंटें उखड़-उखड़ कर उसके चेहरे पर आकर चिपकने लगी हैं।

आज निशा का मूड़ ठीक नहीं था, स्कूल में प्राचार्य से कुछ कहा-सुनी हो गयी थी। खाना बनाने की इच्छा नहीं हो रही थी। नीरज बाजार से सब्जी लेकर आया और किचन में थैला रख कर बाहर जाने लगा। निशा ने नीरज को आवाज दी– "नीरज, सिर में दर्द हो रहा है, दो प्याली चाय बनाओगे? तुम्हारे साथ मैं भी पी लूँगी।"

नीरज– "मैंने बाहर चाय पी ली है, तुम खुद बना लो।" निशा ने जवाब सुन कर करवट बदल ली और चुपचाप लेटी रही।

ऊँचे पहाड़ पर चढ़ते हुए निशा आसपास की हरियाली, रंग-बिरंगे फूल, पहाड़ी झरने, पक्षियों के कलरव से मुग्ध हो रही थी। एक तितली उड़ती हुई

आयी और निशा की फूलदार छींट साड़ी पर आ बैठी। कितना सुन्दर दृश्य था, कितना सुखदायी था यह। निशा इधर-उधर देखती हुई सीढ़ियाँ चढ़ रही थी कि अचानक उसका पैर फिसल गया और वह सीढ़ियों से लुढ़कती हुई नीचे गिरने लगी। उसकी कोहनी और घुटने लहूलुहान हो गये। गिरते हुए निशा, पेड़ की एक डाल पकड़ कर लटक गयी और सीधे जमीन पर न गिर कर अधर पर ही अटक गयी। रसोई में शायद कोई काँच का बर्तन गिर गया था, उसके गिरकर चटकने की आवाज से निशा का स्वप्न भंग हो गया और वह भौचक्क छत की ओर देखने लगी। यह कैसा स्वप्न था जो निशा को आह्लादित कर रहा था वही दूसरी ओर उसे डरा रहा था। भाभी जब रसोई में आती है तो बर्तन टकराने की आवाजें कुछ ज्यादा ही आती हैं। उनकी खीझ बर्तनों पर ही तो उतरती है। देवरानी सोई हो और जेठनी रसोई सँभाले तो ऐसा होना कोई बड़ी बात नहीं थी। निशा ने रसोई में आकर रजनी भाभी से कहा–“दीदी बर्तन छोड़ दीजिए, मैं धो लूँगी।”

रजनी– “रहने दो निशा, मैं ही धो लेती हूँ, सारा दिन तो घर पर ही रहती हूँ, तुम्हारी तरह नौकरी तो करती नहीं। खाना बना लिया है तो बर्तन भी माँज लूँगी।” सलाद के लिए प्याज काटते हुए आज निशा की आँखों से आँसू कुछ ज्यादा ही निकल रहे थे।

रजनी आठवें दर्जे तक ही पढ़ सकी थी और बीस की उम्र में ही उसका ब्याह मोहन बाबू से कर दिया गया। ग्राम पंचायत में सचिव पद सँभालते हुए, सरपंच और छुटभइये नेताओं तक मोहन बाबू की अच्छी पकड़ थी। हर हफ्ते संध्या समय की बैठकी उनके इष्ट मित्रों से जुड़े रहने का माध्यम था। बैठकी, अक्सर घर पर ही होती और सभी लोग रजनी भाभी के हाथ के बने चिकन की खूब तारीफ करते एक बार माँ ने मोहन को टोका था लेकिन मोहन ने माँ की बात अनसुनी कर दी। पिता होते तो शायद मोहन की स्थिति कुछ और होती मोहन और नीरज की परवरिश में, माँ ने कोई कसर नहीं रखी लेकिन माँ की परवरिश और ममता का मोहन ने कोई मान न रखा। रजनी भी पति की हर इच्छा पूरी करती, भले ही उसे अपनी इच्छाओं को मन में ही दबा देना पड़ता। माँ न बन पाने का कलंक भी तो समाज ने उसके माथे पर लगाया था। नहाने के बाद पति द्वारा बाथरूम में छोड़ दिये गये गंजी और जांघिया धोना भी उसके पत्नी-धर्म का ही हिस्सा था।

आज भी मोहन बाबू के घर बैठकी है रजनी, रसोई में खट रही है तो बैठक में कहकहे लगाये जा रहे हैं। एक घंटे बाद रजनी रसोई से निकली और साड़ी के पल्लू से चेहरे को पोंछ, पंखा झलने लगी। वह बरामदे में टहल ही रही थी कि निशा के कमरे से निशा और नीरज के हँसने की आवाज ने रजनी भाभी का ध्यान आकृष्ट किया। रजनी भाभी न चाहते हुए भी, निशा के कमरे की ओर खिंची चली गयी। फिर अचानक रजनी भाभी के कदम ठिठक गये और वह वापस लौटने लगी। कैसी विडम्बना थी कि एक बहू के कमरे में खनकती हुई हँसी गूँज रही थी तो दूसरी ओर रसोई में दूसरी बहू की काँच की चूड़ियाँ एक घंटे से कढ़ाही में कलछी घुमाते हुए खनक रही थी। रजनी भाभी के चेहरे पर कड़वाहट उभर आयी।

निशा को महीने के वे पाँच दिन बहुत तकलीफ देते। कई बार तो उसे दो दिन की छुट्टी लेनी पड़ती। शादी के शुरुआती वर्षों में नीरज निशा का खूब ख़याल रखता, उसके पैरों में तेल भी लगा देता लेकिन धीरे-धीरे उसे हर महीने के वे दिन परेशानी भरे लगते और निशा भी जैसे घर-बाहर की जिम्मेदारी निभाते हुए अपनी तकलीफ़ भूलकर बड़ी कुशलता से सारे काम निपटाती लेकिन बिस्तर पर आते ही मुँह से कराह निकल ही जाती। एक दिन नीरज ने कहा– "तुम दिन भर तो ठीक रहती हो, बिस्तर पर आते ही तुम्हारी तकलीफ़ कैसे बढ़ जाती है।" समय के साथ नीरज के बदलते व्यवहार से निशा हैरान नहीं होती क्योंकि नीरज भी तो उसी समाज का हिस्सा था जहाँ स्त्री का दर्जा आज भी दोयम ही है।

निशा जब कलफ लगी कॉटन की साड़ी पहनकर तैयार होती तो आते-जाते रजनी भाभी एक बार उसे जरूर देख लेती। शिक्षक दिवस के दिन निशा ने नीले रंग की सिल्क की साड़ी पहनी हुई थी। जब उसने रजनी भाभी को अपनी ओर देखते पाया तो भाभी से पूछ ही लिया–"भाभी, मैं अच्छी लग रही हूँ न? पसन्द है तो मैं आपके लिए भी ले आऊँगी।"

भाभी ने अनमने भाव से कहा–"रहने दो, यह रंग मुझ पर नहीं फबेगा।" निशा, रजनी भाभी की मन:स्थिति समझने लगी थी, इसलिए उनकी बातें अब उसे नहीं चुभती। उस दिन खाना बनाने और बर्तन धोने को लेकर भाभी द्वारा कहीं गयी बात से निशा को उतना बुरा नहीं लगा जितना कि आज नीरज के व्यवहार को लेकर उसके मन को ठेस लगी। निशा, घर और नौकरी के बीच

चाह कर भी सामंजस्य नहीं बना पा रही थी और अपने वैवाहिक जीवन में उभर आये दरार को तिल-तिल बढ़ते हुए भी महसूस कर रही थी।

आज कबीर का बारहवाँ जन्मदिन है। घर में ही एक छोटी-सी पार्टी रखी गयी है जिसमें घर के सदस्य और कबीर के कुछ दोस्त ही सम्मिलित थे। कबीर ने केक काटा और सबसे पहले पापा को खिलाया, उस समय निशा की आँखों में कई प्रश्न उभरे थे लेकिन उन प्रश्नों को पढ़ने की फुरसत भला किसके पास थी। रिश्तेदार भी तो यही कहते– "कबीर, माँ से ज्यादा पिता के करीब है।"

कबीर के साथ नीरज और निशा के बीच की दूरी भी जवान हो चली थी। ऐसा नहीं कि दोनों ने उसे रोकने की कोशिश न की हो लेकिन जैसे समय उन दोनों के हाथों से रेत की तरह फिसलता जा रहा था। कहते हैं जो होता है अच्छे के लिए ही होता है भले उस अच्छाई के बदले में कुछ दर्द सहना पड़े। उस दिन ऑफिस से घर आते हुए एक बच्चे को बचाने की कोशिश में नीरज की मोटर साइकल सड़क के बीचोंबीच बने डिवाइडर से टकरा गयी और उसका दाहिना पैर बुरी तरह जख्मी हो गया, घुटने की हड्डी टूट गयी, यह एक नयी मुसीबत थी। निशा ने पन्द्रह दिन की छुट्टी ले ली और नीरज की देख-भाल में लग गयी। नीरज असहाय हो गया था, प्लास्टर लगे भारी पैर को उठाना भी मुश्किल था, कबीर की परीक्षा भी नजदीक थी अत: निशा ने सारी जिम्मेदारी अपने ऊपर ले ली।

नीरज बिस्तर पर पड़े-पड़े उकता जाता और निशा को सेवा में तल्लीन देखकर उसके दिमाग में विचारों का बवंडर उठने लगता। एक दिन निशा ने नीरज को चाय देते हुए कहा–"ऐसे क्या देख रहे हो, क्या मैं पहले से ज्यादा सुन्दर दिखने लगी हूँ? नीरज ने कोई जवाब नहीं दिया। निशा भी नीरज के चेहरे पर आते-जाते भावों को पढ़ने की कोशिश करने लगी। नीरज को पूरी तरह ठीक होने में तीन महीने लग गये। इस बीच कई मौन संवाद हुए, जिसे उन दोनों के अलावा कोई नहीं समझ सकता था।

निशा आज कुछ ज्यादा ही थक गयी थी, उसके चेहरे से साफ पता चल रहा था कि उसे आराम की जरूरत है, फिर भी वह घर के काम में जुटी हुई थी। रात में उसे तेज बुखार आ गया। सुबह ब्लड रिपोर्ट से पता चला कि उसे टायफाइड हो गया है। उसने हफ्ते भर की छुट्टी ले ली, अब सेवा देने की नीरज की बारी थी। निशा की कमजोरी बढ़ गयी थी, वह चाह कर भी अपने हिस्से

का काम नहीं कर पा रही थी। आज वह नहा कर निकली लेकिन कपड़े बाल्टी में ही रह गये, धो पाने की हिम्मत उसमें नहीं थी। कुछ देर बाद नीरज नहाने गया और अपने कपड़ों के साथ निशा के कपड़े भी धो डाले। निशा ने पलंग पर लेटे-लेटे ही नीरज को गीले कपड़े बाहर ले जाते हुए देख लिया, बाल्टी में उसके भी कपड़े थे। निशा ने नीरज को टोकते हुए कहा–"नीरज, बाल्टी यहीं रख दो, कुछ देर बाद मैं तार पर कपड़े डाल दूँगी।"

नीरज–"क्यों?" पर निशा चुप रही।

नीरज ने फिर बोलना शुरू किया–"जब मैं तीन महीने बिस्तर पर था, तुमने मेरी कितनी सेवा की, नहलाना, कपड़े धोना, एक्सरसाइज कराना। तुम मुझे इसलिए रोक रही हो न कि लोग मुझे, तुम्हारे कपड़े सुखाते देख लेंगे तो हँसेंगे, मुझे जोरू का ग़ुलाम कहेंगे। कहने दो मुझे कोई फर्क नहीं पड़ता। मुझे अपना वैवाहिक-जीवन सुख-चैन से जीना है। जब मैं दिक्कत में था, रिश्तेदार कहाँ थे। मुझसे मिलने आते थे लेकिन मेरे पास रुक कर किसी ने सेवा की? नहीं न, अब मैं किसी की परवाह नहीं करता, जिसे जो कहना है कहे।" निशा आश्चर्य से नीरज का चेहरा देख रही थी। फिर निशा खिड़की से बाहर देखने लगी। बाहर हवा चल रही थी, हरसिंगार की डालियाँ झूम रही थीं, खिड़की के पास खिले देशी गुलाब से भीनी-भीनी खुशबू निशा के कमरे को सुवासित करने लगी और गुलाबी रंग निशा के चेहरे पर झलक आया।

कबूतर का जोड़ा

मिसेस गुप्ता कुछ दिन पहले ही यू.एस.ए. के अपने तीन महीने के प्रवास के बाद भारत लौटी हैं। उनके बेटी-दामाद दोनों एक प्रतिष्ठित संस्थान में सॉफ्टवेयर इंजीनियर के पद पर कार्यरत हैं। आठ साल की नवासी तान्या और 5 साल का नवासा ऐश्वर्य दोनों बड़े नटखट हैं, उनकी बालसुलभ शरारतों का आनन्द खाली समय में स्टाफ के लोग विशेषकर महिला सदस्य रुचि ले-लेकर सुनती हैं, उन्हें लगता है मिसेस गुप्ता कितनी भाग्यशाली हैं कि उन्हें पम्मी जैसी लायक बेटी और आकाश जैसे लायक दामाद मिले जिनकी बदौलत वे साल दो साल में एक बार विदेश भ्रमण कर आती हैं, वे यह कहते हुए सुख का अनुभव करती हैं कि सभी को पम्मी जैसी बेटी मिले।

आज ही लंच टाइम में चर्चा हो रही थी कि हमारे देश में स्त्रियाँ आज भी सुरक्षित नहीं हैं चाहे वह 9 वर्ष की बच्ची हो या 80 वर्ष की बूढ़ी औरत। महिलाएँ आज पुरुषों की बराबरी कर रही हैं यह कथन किताबों में ही सही लगती है आम जिन्दगी में तो आज भी स्त्रियों का दर्जा दोयम ही है। मिसेज गुप्ता ने चिहुँककर कहा– "सुनिए आप लोगों को एक घटना बताऊँ, अमेरिका में स्त्री-पुरुष चाहे वे एक-दूसरे से अपरिचित हों फिर भी अगर वे आमने-सामने आते हैं तो 'हैलो' कहते हैं।" उनके हैलो कहने का अन्दाज इतना रोचक था कि अन्य महिला सदस्य मुस्कुराए, बिना नहीं रह सकीं। एक दिन मिसेस गुप्ता मार्निंग वॉक पर निकली ही थीं, टी-शर्ट और लोवर पहने, स्पोर्ट्स शू में अपने पाँवों को जमाकर चलने की कोशिश में पैर थोड़े आढ़े-तिरछे हो रहे थे तभी पीछे से एक मोटा-थुलथुल गोरा आदमी बगल में आ खड़ा हुआ और बोला– "हैलो केन आई हेल्प यू।" मिसेस गुप्ता इतना घबराई कि दो कदम पर बने लोहे की बेंच पर लपक कर बैठ गयी और जवाब दिया– "नो थैंक्स" और वह मोटा-गोरा आदमी "ओ के" कहकर आगे बढ़ गया। इस घटना का जिक्र करते हुए मिसेस गुप्ता हँसते-हँसते दोहरी हो गयी। फिर अचानक वे चुप

हो गयी जैसे उन्हें कोई दूसरी बात याद आ गयी हो।

इस बार यह पहला अवसर था कि उन्हें अमेरिका अकेले जाना पड़ रहा था, इसके पहले वे जब भी बेटी के पास गयीं, पति के साथ ही गयी थीं। भारतीय महिलाओं को बचपन से ही पिता, भाई और बाद में पति या तो बेटे का सहारा लेना पड़ता है अगर कभी वे खुद से कोई काम कर लेती हैं तो उसमें घर के पुरुषों को कोई-न-कोई कमी दिख ही जाती है और कमी को ऐसे जताया जाता है कि वह फिर किसी काम को अकेले करने का साहस ही नहीं जुटा पातीं। अपने घर के अधिकतर पुरुष उन्हें स्त्री होने की याद दिलाते ही रहते हैं और यह भी कि ये महिलाओं के बस का काम नहीं है। लेकिन यह बात समझ से परे होती है कि स्त्री जब घर की न हो तो उसके प्रति पुरुष थोड़ा संवेदनशील हो जाता है, पर यह संवेदना भी क्या आडम्बरपूर्ण नहीं है अगर संवेदना वास्तविक होती तो महिलाएँ शोषण का शिकार न होतीं।

माना एयरपोर्ट पर जब मिसेस गुप्ता ने अपने बड़े ट्राली बैग, और एक हैंड बैग को कन्धे पर लटकाये शीशे के पल्ले को थोड़ा सा धक्का दिया तो जैसे खुल जा सिमसिम की तरह दरवाजा नज़ाकत से एक ओर सरक गया और भीतर का भव्य दृश्य देखकर मिसेस गुप्ता एक क्षण को ऐसे मूर्तिवत ठिठक गयी जैसे वे पहली बार यह सब देख रही हो, जबकि वे इसके पहले दो बार माना एयरपोर्ट के इस भव्य वेटिंग रूम में आ चुकी थीं। थोड़ा-सा संयत होकर उन्होंने गार्ड को अपना आई.डी. प्रूफ और टिकट दिखाया, फिर गार्ड का संकेत पाकर वे आगे बढ़ीं। टिकट काउंटर के पास पहुँचकर थोड़ा असमंजस की स्थिति में खड़ी रही तभी एयरपोर्ट का एक कर्मचारी पास आकर बोला मैडम कोई दिक्कत है। इसके पहले कि मिसेस गुप्ता कुछ कहती– कर्मचारी ने उनके हाथ से टिकटवाला कागज ले लिया और पी.एन.आर. नम्बर टाइप कर बोर्डिंग पास उनके हाथों में देकर चला गया इसके बाद की प्रक्रिया तो जैसे मिसेस गुप्ता को चुटकी बजाने जैसा ही लगा, आत्मविश्वास से भरी मिसेस गुप्ता जब ट्रे में अपना हैंड बैग रख महिला गार्ड के हाथों रखे मेटल डिटेक्टर मशीन का स्पर्श पाकर फुर्ती से भर गयी और तेजी से आगे बढ़कर ट्रे से अपना हैंडबैग उठाकर कॉफी हाउस की ओर देखते हुए एस्केलेटर की सीढ़ी पर खड़ी हो गयी। कितना सुखद एहसास था कि आज वे बिना किसी अपने के सहारे अकेली ही यू.एस.ए. की यात्रा पर निकल पड़ी थी, इतनी प्रक्रियाओं से गुजरने के बाद उनके मन

का एक अनजाना भय आधा तो दूर ही हो गया था।

वेटिंग हॉल में अब उन्हें और आधे घंटे तक प्रतीक्षा करनी होगी। सहज होते हुए उन्होंने बैग से एक टॉफी निकाल कर मुँह में रख लिया और अपने मोबाइल से एक-दो सेल्फी ली और बेटी को वाट्सएप कर दिया। बेटी का लाइक इमोजी देखकर होंठों पर मुस्कुराहट आ गयी वॉशरूम से लौटकर वे दो मिनट खड़ी हुई ही कि थी प्लेन आने का अनाउन्समेंट सुन वे जल्दी से गेट नम्बर 5 के सामने लग रही कतार में दूसरे नम्बर पर खड़ी हो गयी।

टेकअप के पहले जब प्लेन रनवे पर धीरे-धीरे सरकना प्रारम्भ करता है फिर जब रफ्तार बढ़ती है और प्लेन झटके से जमीन से ऊपर उठ जाता है इस बीच का समय ही यात्रियों को थोड़ा डराता है और पहली बार यात्रा करने वालों को रोमांचित कर देता है। मिसेस गुप्ता ने उड़ान के पहले एयर होस्टेस के बताये निर्देशों का पालन करते हुए कमर पर बँधे बेल्ट को यूँ ही चेक किया और संयत होकर विंडो के बाहर देखने लगीं, बिना माँग के ही उन्हें विंडो सीट मिल गयी थी कपासी बादलों के बीच हवाई जहाज का उड़ना बड़ा सुखद लग रहा था, अधिकतर यात्री आँखें मूँदे आराम फरमा रहे थे, प्लेन के भीतर कोई हलचल नहीं थी लेकिन आसमान स्थिर होकर भी बादलों के बनते-बिगड़ते आकृतियों से विचलित जान पड़ रहा था जैसे कि मिसेस गुप्ता के मन में विचारों का विचलन चल रहा था। उन्हें अगले तीन महीने तक अमेरिका में रहना था इधर अपने देश में वो अपना घर-परिवार छोड़े जा रही थी, पति को समय पर दवाई लेने की हिदायत, बेटे को पिता का ख़याल रखने की जिम्मेदारी तो सरिता को समय पर सुबह-शाम घर के काम और साफ-सफाई की हिदायत, फिर भी मन नहीं मान रहा था कि तीन महीने बाद वापस आने पर घर वैसा ही मिलेगा जैसा वो छोड़कर जा रही हैं।

अपना मन बहलाने के लिए ही वे बिना भूख के ही साथ लेकर आये ड्राइफ्रूट्स निकाल कर खाने लगीं, साथ वाली सीट पर बैठे पुरुष सहयात्री को अपनी सीट पर बैठने के पहले मिसेस गुप्ता ने देखा था चेहरे-मोहरे से पुरुष दक्षिण भारतीय लगा था।

सहयात्री खुशमिजाज था, प्लेन के उड़ान भरने के कुछ देर बाद वह कोई गीत गुनगुनाने लगा, पहले तो लगा जैसे वह कोई मन्त्र जाप कर रहा है। गुनगुनाने का क्रम चलता रहा, मिसेस गुप्ता ने ग़ौर किया कि सहयात्री मन्त्रजाप

नहीं सत्तर के दशक के हिन्दी फिल्मी गाने गुनगुना रहा है। इसी बीच उसने एयर होस्टेस से सैंडबिच ऑर्डर किया, चंद मिनटों में ही एयर होस्टेस ने महीन मुस्कान लिए बटर लगाकर सैंडबिच पेश कर दिया, मिसेस गुप्ता लगातार बादलों की बनती-बिगड़ती आकृतियों को अंडाकार विंडो से देख रही थीं, बीच-बीच में काजू के टुकड़े मुख में रखते हुए स्वाद भी ले रही थीं सहयात्री ने औपचारिकता निभाते हुए बड़े अदब से पूछा– "मैडम आप सैंडबिच लेंगी?"

मिसेस गुप्ता ने अकचका कर उत्तर दिया– "नहीं, मैं घर से लेकर आयी हूँ।" सहयात्री बड़ा भला इंसान लगा, अपने आगे-पीछे के सहयात्रियों का खयाल रख रहा था। मिसेस गुप्ता नाश्ते वाले थैले को केबिन में रखने के लिए उठना चाह रही थी चूँकि उन्हें दिक्कत होती सहयात्री ने कहा– "लाइये मैं रख देता हूँ" और मिसेस गुप्ता से बैग लेकर केबिन में रख दिया।

मिसेस गुप्ता ने सहज होते-होते हुए कहा– "आप अच्छा गाते हैं।"

सहयात्री– "थैंक यू"

मिसेस गुप्ता ने पूछा– "आप कहाँ तक जा रहे हैं?"

सहयात्री–"मैं दिल्ली जा रहा हूँ, कोल्डफिल्ड डिपार्टमेंट में काम करता हूँ, एक मीटिंग के सिलसिले में जा रहा हूँ।"

मिसेस गुप्ता ने बातों का सिलसिला बढ़ाते हुए बताया कि– "मैं बेटी-दामाद के पास शिकागो जा रही हूँ।"

अपनी झेंप मिटाती हुई वे बोलीं– "इसके पहले भी जा चुकी हूँ परिवार के साथ, इस बार अकेली जा रही हूँ, अकेले हवाई सफर करने का यह मेरा पहला अनुभव है।"

सहयात्री हल्के से मुस्कुराया। मिसेस गुप्ता के मन की बात पढ़ते हुए उसने कहा– "लम्बा सफर है, अपना ध्यान रखिएगा।" यात्रा में आ सकने वाली सामान्य दिक्कतों की ओर भी उसने मिसेस गुप्ता का ध्यान खींचा। दिल्ली तक की यात्रा बड़ी सुखद रही, वे अकेली थीं लेकिन सहयात्री के साथ ने अकेलेपन का एहसास नहीं होने दिया।

इसके बाद, बीस घंटे की लम्बी यात्रा बड़ी उबाऊ थी, मिसेस गुप्ता ने इस दौरान तीन मूवी देख लीं दिल्ली से शिकागो जाने वाले एयरइंडिया के फ्लाइट में अधिकतर यात्री विदेशी थे। साथ वाली सीट पर एक विदेशी महिला बैठी थी, चेहरे-मोहरे से भली लग रही थी, मिसेस गुप्ता को टूटी-फूटी अँग्रेजी आती थी

लेकिन सहयात्री से बीच-बीच में मुस्कुरा कर ही काम चला रही थी। इस लम्बी यात्रा के दौरान उन्होंने दो-बार नूडल्स ऑर्डर किया, कोल्डड्रिंक्स और कॉफी बीच-बीच में पीती रहीं घर से बनाकर लाई गयी सलोनी और बालूशाही खाते हुए अब वे अपने गन्तव्य के करीब पहुँचते हुए बड़ी प्रसन्नचित थीं।

सपनों का क्या है वे रात-दिन, तो कभी जगाते हुए आदमी की आँखों में सायास आ ही जाते हैं। हवाई यात्रा में झपकी के बीच भी सपना अपनी एक झलक दिखा जाये तो इसमें अविश्वास की क्या बात है। मिसेस गुप्ता की आँखें खुलीं तो अमेरिका का खुला आसमान और खूबसूरत नजारे, हाथों में तख्तियाँ लेकर जैसे उसके स्वागत में मुस्कुरा रहे थे। एयरहोस्टेस की मखमली आवाज में एनाउन्समेंट चल रहा था, पिछली यात्रा के सहयात्री की यह बात मिसेस गुप्ता को याद आयी–"कि उतरते समय आप ध्यान से सुनिएगा, अगर कनफ्यूजन हो तो एयरहोस्टेस से पूछ लीजिएगा कि बैग किस नम्बर की बेल्ट पर मिलेगा।" एयरहोस्टेस से कन्फर्म करने के बाद मिसेस गुप्ता फुर्ती से गैलरी में चलते हुए बेल्ट नम्बर 4 की ओर बढ़ गयी। टर्मिनल 2 के गेट पर बेटी दामाद को मुस्कुराते हुए अपने स्वागत में खड़े देखकर मिसेस गुप्ता जैसे धन्य हो गयीं।

एक हफ्ता नवासा-नवासी के साथ कैसे बीता पता ही नहीं चला, नवासी का फर्राटेदार अँग्रेजी में बोलना, पोयम सुनाना उन्हें निहाल कर देता, नवासा बैटरी से चलने वाले कार को घर भर में घुमाता रहता उसने नानी से कहा– "नानी में जब बड़ा हो जाऊँगा तो आपको अपनी बड़ी सी गाड़ी में बैठाकर न्यूजर्सी घुमाऊँगा।" मिसेस गुप्ता मन ही मन बच्चों को खूब आशीष देतीं। दुनिया कितनी सिमटती जा रही है, सात समन्दर पार भी मिसेस गुप्ता को लगता कि वे अपने शहर से बहुत दूर नहीं हैं, भारतीय खाने की सारी चीजें तो मार्ट में उपलब्ध थीं। भारत की तरह वहाँ भी कुछ टोटके प्रचलित थे कद्दू की आँखें, नाक, मुँह बनाकर घर में रखा जाना यह एक टोटका ही तो था जैसे कि भारत में दुकानों के बाहर जैसे लोग नींबू और मिर्च की लड़ियाँ लटका देते हैं। पति और बेटे से रोज ही बातें हो जातीं; आखिर उन्हें याद दिलाना होता कि दवाई समय पर ले-लिया करो, कामवाली आयी कि नहीं, दूध वाला रोज दूध दे जाता है न! स्त्री-सुलभ व्यवहार चाहे स्त्री घर से कितनी ही दूर हो यथावत् ही रहता है।

अब तो मॉल में तरह-तरह के आधुनिक फैशन के कपड़े मिल जाते हैं, लेकिन नानी के हाथों बने स्वेटर पहनकर तान्या और ऐश्वर्य खुश होकर चिड़ियों की तरह फुदक रहे थे, मिसेस गुप्ता ने कितने सालों बाद अपने हाथों से बुनाई की थी। कई रंगों के ऊन और बुनाई के काँटे वे भारत से ही साथ लेकर आयी थीं।

मिसेस गुप्ता दिसम्बर महीने में स्वदेश लौट आयी थीं। उनके लौट आने के दो माह बाद भारत में एक खतरनाक वायरस के पहुँचने की खबर मिलने लगी थी, लोगों में यह चर्चा थी कि एक खतरनाक वायरस चीन के वुहान शहर से होते हुए पूरे विश्व में मानव शरीर के माध्यम से तेजी से फैलने लगा है, धीरे-धीरे इटली, अमेरिका अरब देशों में संक्रमित होकर मरने वालों की बढ़ती संख्या पूरे विश्व को भयभीत कर रही थी। इटली-जैसा देश जो स्वास्थ्य सुविधाओं की दृष्टि से विश्व में दूसरे स्थान पर आता है वहाँ मरने वालों की संख्या इतनी बढ़ गयी कि उन्हें दफनाने के लिए कब्रिस्तान की जमीनें भी कम पड़ने लगी। ऐसी भयानक खबरों से मिसेस गुप्ता बहुत भयभीत हो गयीं, क्यों न हो उनके बेटी-दामाद और नवासा-नवासी अभी भी अमेरिका में थे, उनके जैसे जाने कितने लोग होंगे जो अपनी जन्मभूमि से दूर हैं इस समय सभी को अपने देश और अपने लोगों की यादें आ रही होंगी।

मिसेस गुप्ता दिन में एक बार बेटी-दामाद से मोबाइल पर बात करना नहीं भूलती, किसी रोज नेटवर्क ठीक न होने के कारण जब बात नहीं हो पाती, मिसेस गुप्ता बेचैन हो जातीं। न्यूज चैनल्स की खबरों, और सोशल मीडिया की खबरों को माँ-बेटी मोबाइल पर एक-दूसरे से साझा करतीं। इक्कीस दिन के लॉकडाउन से देश में अफरा-तफरी मच गयी थी, महानगरों में रहने वाले मजदूर और दूसरे कामगार जत्थों के रूप में पाँच सौ-सात सौ किलोमीटर अपने परिवार के साथ पैदल ही निकल पड़े थे। जिनकी किस्मत अच्छी थी वे गाँव पहुँच गये तो कुछ यात्रा के दौरान ही बीमारी या सड़क दुर्घटना का शिकार हो गये। वे क्या करते फैक्ट्री बंद हो गयी मकान मालिक, मकान खाली करने का दबाव बनाने लगे। महामारी के समय गाँव लौटना ही ठीक है जहाँ उनके अपने रहते हैं, उनकी अपनी जमीन है। लेकिन जो गाँव पहुँच पाये उन्हें गाँव के भीतर जाने से रोका जाने लगा, क्योंकि इससे गाँव में भी वायरस के फैलने का खतरा था पम्मी अपनी माँ से ऐसी खबरों को सुन व्यथित हो जाती। उसके

मन में भी यही बात आती कि सपरिवार यदि वे अपने देश गये तो क्या वे वायरस लेकर तो नहीं जायेंगे। उसने तय किया कि अभी अमेरिका में ही रहेंगे; जब तक स्थिति सामान्य न हो जाये। पम्मी का निर्णय कितना सही था लेकिन बहुत से लोग विदेशों से अपने देश लौट रहे थे और अपने शरीर में कोरोना के वायरस भी लिये जा रहे थे, कुछ लोग एयरपोर्ट के अधिकारियों को किसी तरह चकमा देकर निकल रहे थे अपना टेस्ट नहीं करा रहे थे, तो कुछ टेस्ट पॉजिटिव आने की बात छिपा रहे थे इससे वायरस और तेजी से फैल रहा था।

भारत के लोग बड़े धर्म-भीरू होते हैं, संकट की इस घड़ी में उन्हें चिकित्सा से ज्यादा ईश्वर और पूजा-पाठ पर ज्यादा भरोसा हो रहा था। इसी बीच खबर मिली कि निजामुदद्दीन मरकज में शामिल तीन सौ लोग कोरोना वायरस से संक्रमित पाये गये, उस पर भी वे अपनी बीमारी छुपाते रहे और इलाज कराने से इनकार करते रहे। कुछ लोग रामनवमी के त्योहार में जुलूस की शक्ल में सड़को पर निकले, कुछ लोग कोरोना वायरस से निपटने के लिए थाली बजाते हुए सड़कों पर निकल आये, तो कुछ दीये जलाकर भयमुक्त होने का परिचय दे रहे थे, कुछ अति उत्साही लोग तो पटाखे फोड़, आतिशबाजी भी करने लगे, बड़ी विरोधाभासी बातें खबरों में देखी-सुनी जाने लगीं, कुछ लोग राजनीति की रोटी सेंकने वाले भी लगे हुए थे।

इन सबके बीच प्रकृति अपने मूल रूप को प्राप्त करने लगी थी, सभी लोग अनुभव कर रहे थे। जल, वायु, ध्वनि-प्रदूषण से मुक्त हो रहे थे, विविध पक्षियों का चहकना लोगों को संदेश दे रहा था कि अभी भी समय है कि लोग विनाशकारी विकास से तौबा कर लें। देश भर से लॉकडाउन टूटने की खबरें लोगों को निराश कर रही थी। कुछ लोग सरकार को दोष दे रहे थे कि जब उन्हें पता चल गया था तो लॉकडाउन के बावजूद देश इस दशा में कैसे पहुँच गया।

मिसेस गुप्ता अपना मन हल्का करने के लिए कभी-कभी बेटी को सोशल मीडिया में प्रसारित चुटकुले भी भेजतीं। भारत के लोगों के विनोदी स्वभाव का परिचय सोशल मीडिया से मिल रहा था, तो कुछ लोग अवसाद की ओर बढ़ते चले जा रहे थे। बड़ी विषम परिस्थितियाँ निर्मित हो गयी थीं। इक्कीस दिन के लॉकडाउन में पूरा दिन घर के काम निपटाते मिसेस गुप्ता थक जातीं और दोपहर में दो घंटे सो लेतीं, दिन में सो लेने के बाद रात को जल्दी नींद नहीं आती, यही समय होता था बेटी से बात करने का, इसके बाद भी नींद नहीं

आती और दिमाग में तरह-तरह की बातें घूमने लगतीं। रात में अजीब-अजीब सपने आते, कई सपने तो सुबह तक याद भी नहीं रहते, तो कुछ आपस में गड्डमड्ड हो जाते। आज लेटे-लेटे मिसेस गुप्ता को अपने ऑफिस के छज्जे पर बसेरा किये सफेद-काले कबूतर का वह जोड़ा याद आ गया। वे सोचने लगीं ऑफिस बन्द होने से उस जोड़े पर क्या कोई फर्क पड़ा होगा! लॉकडाउन पशु-पक्षियों के लिए कहाँ, वे तो खुले आसमान में स्वछंद उड़ान भरते हैं, ठीक ही तो है चिड़ियाँ, तितलियाँ, चींटियाँ प्रकृति को कभी नुकसान पहुँचातीं हैं भला, वे तो प्रकृति के सृजन कार्य में सहयोग ही करती हैं, बीजों को एक स्थान से दूसरे स्थान तक पहुँचाती हैं, तितलियाँ दुनिया में रंग भरती हैं। प्रकृति को नुकसान तो आदमी पहुँचाते हैं, और अन्तत: प्राकृतिक आपदाओं के रूप में उन्हें दंड भुगतना पड़ता है।

कोरोना वायरस का कहर दूसरे साल भी बदस्तूर जारी है लेकिन लोग अभी भी नहीं चेते, मन्दिर, मस्जिद, गिरजाघरों के द्वार खोल दिये गये। आईपीएल, कुँभस्नान, शादी-ब्याह, मेले-ठेले में सोशल डिस्टेंशिंग की धज्जियाँ उड़ रही थीं। हजारों लोग काल के गाल में समा रहे थे, श्मशान घाटों में शव जलाने की कतार, तो कब्रिस्तान में शव दफनाने को जगह नहीं मिल रही थी, लेकिन इसी बीच पचासों चुनावी रैलियाँ अपने शबाब पर थीं। खूनी झड़पें, आगजनी, राजनीतिक पार्टियों का एक-दूसरे पर आरोप-प्रत्यारोप जबकि कोरोना के कारण हर दिन मरने वालों की संख्या हजारों-हजार बढ़ती जा रही थी, क्या राजनीति में भी सब ज़ायज होता है, देश किधर जा रहा है किसी को यह ठीक-ठीक समझ नहीं आ रहा था, अस्पतालों में मरीजों के लिए बेड उपलब्ध नहीं, ऑक्सीजन पर्याप्त न होना, वहीं रेमडेसिवर इंजेक्शन की कालाबाजारी, नकली दवाओं की सप्लाई....ओह! सर्वत्र दिशाभ्रम, मतिभ्रम का जाल फैला हुआ था। मृत्यु का तांडव मचा हुआ था, लोग अवसादग्रस्त हो रहे थे, क्यों न हों मजदूर बेकाम बैठे थे, कई कंपनियाँ बन्द हो गयी थीं तो कुछ बन्द होने के कगार पर थीं। मुट्ठी भर लोग थे जिन पर देशद्रोही होने का इल्ज़ाम पहले ही लगाया जा चुका था लेकिन वही लोग सोशल मीडिया पर मुँह खोलने का साहस कर रहे थे। दुनिया में संवेदनशील लोग आगे आकर कोरोना पीड़ितों की सहायता कर रहे थे, जो दुनिया में मानवता के बचे होने का प्रमाण दे रहे थे।

मिसेस गुप्ता ऑफिस में प्रकृति-प्रेमी के नाम से जानी जाती थीं, शाम को

घर वापस आने के पहले वे बॉटल में बचे पानी को कॉरीडोर में रखे गमलों में डालना नहीं भूलतीं, वहीं शाम को कबूतर के जोड़े की प्रेम क्रीड़ा बरबस ही उनका ध्यान खींच लेती। कभी सफेद कबूतर मुँडेर पर तेजी से चलता उसके पीछे, गाढ़ा स्लेटी रंग वाला कबूतर पीछे-पीछे चलने लगता फिर अचानक सफेद कबूतर वापस मुड़ता तो स्लेटी रंग वाला कबूतर तेजी से पीछे घूम जाता, अब वह आगे और पीछे सफेद कबूतर। फिर वे देर तक आपस में गर्दन रगड़ते चोंच लड़ाते तो कोई आहट पाकर कलाबाजी करते एक साथ उड़ जाते; यह नित्य का खेल था। धीरे-धीरे ऑफिस के दूसरे लोगों का ध्यान भी कबूतर के उस जोड़े पर जाने लगा, कभी मिसेस गुप्ता का ध्यान कही और होता तो सहकर्मी ध्यान खींचते कि मिसेस गुप्ता देखिए आपके कबूतर का जोड़ा आ गया। कुछ दिनों तक सफेद कबूतर बहुत बेचैनी से इधर-उधर उड़ता फिर रहा था, वह हर शाम मुँडेर पर आता और अपने जोड़े की प्रतीक्षा करता। मिसेस गुप्ता ने गौर किया कि उसका जोड़ा कई दिनों से उसके साथ नहीं दिख रहा है, मिसेस गुप्ता उदास हो गयी उन्हें लगा कि उसका साथी किसी शिकारी के हाथ तो नहीं लग गया लेकिन कुछ दिनों बाद अचानक दूसरा कबूतर फिर मुँडेर पर दिखा और उनकी प्रेम-क्रीड़ा फिर शुरू हो गयी, मिसेस गुप्ता का चेहरा भी खिल उठा।

जब मिसेस गुप्ता पिछली बार पति के साथ अमेरिका जा रही थीं एयरपोर्ट के बाहर एक प्रेमी जोड़ा दुनिया से बेखबर एक-दूसरे के प्रेम में खोया हुआ था। अब भारत में भी प्रेमी जोड़े बाँहों में बाँहें डाले पार्कों में दिख जाते हैं, अब यह सामान्य सी बात हो चली है। एयरपोर्ट पर पाँच मिनट तक एक-दूसरे से गुँथे फ्रेंच किस में तल्लीन उस जोड़े की ओर कुछ लोगों की नजरें उठी थीं, शायद उसकी वजह थी उस प्रेमी जोड़े का रंग विभेद। लड़की का रंग गोरा था, वहीं लड़का साँवला था, रंगों का भेद देखने वालों की नजर में था लेकिन उस प्रेमी जोड़े के मन में नहीं। दोनों ने प्यार से एक-दूसरे को देखा, लड़का कुछ देर बाद वेटिंग रूम की ओर चला गया और लड़की देर तक उदास हो गेट के बाहर खड़ी रही।

पम्मी से बात करते हुए एक दिन मिसेस गुप्ता ने बताया कि तुम्हारी ममेरी बहन का रिश्ता नहीं लग रहा है उसका साँवला रंग आड़े आ रहा है, लड़के वाले रंग के कारण ही उसे नापसन्द कर जाते हैं। पम्मी ने मुस्कुराते हुए कहा–"माँ

आजकल तो लड़कियाँ काले रंग के लड़कों को पसन्द करने लगी हैं, वे अपने जोडे में कंस्ट्रास्ट चाहती हैं।"

मिसेस गुप्ता को हँसी आ गयी– उन्होंने बेटी से कहा– "अरे अब जोड़े में कंस्ट्रास्ट! हम अपने समय में कपड़ों के मैचिंग में कंस्ट्रास्ट का ध्यान रखते थे, यदि साड़ी का बॉर्डर नीला हो तो ब्लाउज पीला ही सिलवाते थे, भले ही साड़ी के प्रिंट में कहीं भी पीला रंग न हो।"

फिर वे बोली–"समय और लोगों की पसन्द चाहे जितनी बदल गयी हो लेकिन हमारे देश में लड़की का रूप रंग आज भी देखा जाता है, लड़का साँवला चलेगा पर लड़की नहीं।" यह कहते हुए मिसेस गुप्ता के चेहरे पर उनकी पीड़ा झलक आयी थी, आज फिर अनायास ही अपने साँवले होने का दंश-उभर आया था जो पति के रंग से बिल्कुल अलग था जिसे पिता ने दहेज के रूप में मोटी रकम चुका कर ढकने की कोशिश की थी तो बिकने वाला दूल्हा अपनी झुकती गर्दन को उठा, झूठी मुस्कान से बरातियों के सामने अपनी शान बघार रहा था।

बदरू हंसदा

रजिस्टर में कक्षा पाँच के बच्चों का नाम देखते हुए, रघुवर सिंह की नजर एक नाम विशेष पर ठहर गयी। रघुवर सिंह ने स्कूल में कुछ दिन पहले ही कार्यभार ग्रहण किया था, नयी जगह पर अपनी पहचान बनाने और तालमेल बना पाने में थोड़ा समय तो लगता ही है, रघुवर सिंह पिछले चार-पाँच दिनों से यही कोशिश कर रहे थे। रघुवर सिंह ने स्कूल के चपरासी को पास बुला कर पूछा–"सुनो तुम्हारा नाम क्या है?" चपरासी ने जवाब दिया– "केंदा मुंडा।" रघुवर सिंह– "हाँ, ठीक है, मैं बार-बार तुम्हारा नाम भूल जाता हूँ, चलो कुछ दिन में याद हो जायेगा। वैसे तुम लोगों के नाम भी तो अजीब होते हैं, किसने तुम्हारा नाम रखा? केंदा मुंडा ने सकुचाते हुए कहा– "पता नहीं मास्टर साहब, माता-पिता ने ही रखा होगा।" चल अच्छा है नाम बड़ा या काम कहते हुए मास्टर साहब ने मुस्कुरा दिया। केंदा मुंडा पाठशाला में अपनी नौकरी के साथ अपने अनुभव का खजाना भी जमा करता जा रहा था, लोगों की आढ़ी-तिरछी बातों का जवाब देना भी सीख लिया था। उसने रघुवर सिंह से कहा– "हाँ, मास्टरसाहब, लेकिन मुझे लगता है कि यदि नाम बड़ा होता तो शायद काम भी बड़ा कर जाता। देखिए न, ये चपरासी की नौकरी करते हुए आधी उम्र गुजर गयी, पत्नी भी जवानी में ही साथ छोड़ गयी, अगर अच्छी नौकरी होती तो शायद इलाज कर उसे बचा लेता।" रघुवर सिंह ने केंदा मुंडा को चश्मे के ऊपर से घूरते हुए कहा– "ठीक है, अलादीन हंसदा को जरा बुलाओ तो।" केंदा मुंडा, जी मास्टर साहब कह कर उस कक्ष की ओर बढ़ गया, जिसमें कक्षा पाँच के बच्चे बैठे थे।

कक्षा तीन के बच्चे पहाड़ा रट रहे थे, दो एकम दो एदो दूने चार, दोतिया छै....। केंदा मुंडा के चेहरे पर पर एक सन्तोष झलक आया, आखिर एक स्वर में, गा-गाकर पहाड़ा याद करना उसी ने तो सिखाया था। स्कूल में दो ही तो शिक्षक थे, वे भला पहली से पाँचवीं तक के बच्चों को कितना पढ़ा पाते। क्लास खाली होने पर जब बच्चे शोर मचाते तो, केंदा मुंडा चपरासी से शिक्षक

बन जाता, एक कड़क शिक्षक। जब वह गा-गाकर पहाड़ा सुनाता और कहता कि उसने बस पाँचवीं तक की पढ़ाई की है, लेकिन जो कुछ पढ़ा था उसे आज भी याद है, पच्चीस तक का पहाड़ा वह बिना अटके एक स्वर में सुना कर जैसे अपने कहे को सच साबित कर देता। जब वह हँसता तो सामने के दो टूटे दाँतों की खिड़की से चेहरा कुछ ऐसा दिखता कि बच्चे जोर-जोर से हँस पड़ते।

अलादीन हंसदा, रघुवर सिंह के सामने अपने दोनों हाथ पीछे मोड़ कर खड़ा था। जब मास्टर जी ने चश्मा उतार कर टेबल पर रख, सफेद भौंहों के नीचे से अपनी बड़ी-बड़ी आँखों से उसे देखा तो अलादीन जैसे घबराकर, तन कर सीधा खड़ा हो गया। उसके हाथों की बंद मुट्ठियाँ खुल गयीं और वह लगभग सावधान की मुद्रा में खड़ा हो गया। रघुवर सिंह ने मुस्करा दिया और कहा–"डरो मत, आराम से खड़े रहो।" वैसे तो अलादीन हंसदा किसी से नहीं डरता, उसकी माँ उसकी हिम्मत थी, वह कहती– बेटा, किसी से मत डरना मैं हूँ न, फिर तुझे खुद ही तो सब कुछ करना है, मुझे अगर कुछ हो गया तो, तुम्हें खुद अपना खयाल रखना होगा, मेरे सिवाय दुनिया में तुम्हारा और कौन है।"

मास्टर जी ने पूछा– तुम्हारा नाम अलादीन हंसदा है? अलादीन ने संक्षिप्त उत्तर दिया–"जी"। तुम्हारी माँ का क्या नाम है? अलादीन–"बदरू हंसदा"। अब रघुवर सिंह की उत्कंठा और बढ़ गयी, लेकिन उन्होंने खुद को संयत करते हुए पूछा–"तुम्हारे पिता का क्या नाम है? जवाब मिला–"बदरुद्दीन"। रघुवर सिंह–"वो तुम्हीं लोगों के साथ रहते हैं? अलादीन–"नहीं"। अन्त में एक और सवाल अलादीन के कानों में सुनाई दिया–"क्यों? जवाब भी सधा और सपाट था– "वो मर गये।" उम्र का सारा अनुभव जैसे व्यर्थ हो गया, रघुवर सिंह को जैसा लगा था वैसा बिल्कुल नहीं था। कोई डरपोक बच्चा, निर्विकार भाव से इन कठिन प्रश्नों के उत्तर इतनी सरलता से कैसे दे सकता है। मास्टर साहब ने कहा–"ठीक है तुम अपनी क्लास में जाओ।"

कुछ देर तक रघुवर सिंह का सिर, अपने बाँयें पैर के अँगूठे के साथ ऊपर-नीचे उठता-झुकता रहा, उन्होंने टेबल पर रखे बॉटल से दो घूँट पानी पिया और केंदा मुंडा को आवाज दी। केंदा मुंडा एक मिनट बाद सामने आकर खड़ा हो गया। रघुवर सिंह ने नाराज होते हुए कहा– "तुम छुप कर मेरी और अलादीन की बातें सुन रहे थे? केंदा मुंडा ने बनावटी हँसी के साथ जवाब दिया–"नहीं मास्टर साहब ऐसा नहीं है, मैं तो दरवाजे के पास खड़ा यही सोच रहा था कि इस

बच्चे को और कितने लोगों के सवालों का जवाब देना पड़ेगा। आप तो उसके शिक्षक हैं, आपको सवाल करने का अधिकार है, यहाँ तो जाने, कितने लोगों ने अनाधिकार, चुभते सवालों से बार-बार अलादीन के मन को चोट पहुँचाई है। पहले तो अलादीन खूब रोता और माँ को बताता लेकिन अब वह जैसे पूछे जानेवाले सवालों के जवाब अपने भीतर ही ढूँढ़ लेता है, और उन जवाबों से खुद को मना लेता है।" रघुवर सिंह बोले–"तुम उसकी माँ को जानते हो? केंदा मुंडा–"हाँ मास्टर साहब वो हमारे गाँव की ही बेटी है, मैं फिर कभी आपको सारी बातें बताऊँगा।" जैसे केंदा मुंडा ने रघुवर सिंह के भीतर उठते सवालों को पढ़ लिया हो। रघुवर सिंह बोले–"ठीक है, जाओ घंटी बजाओ, स्कूल की छुट्टी का समय हो गया है।"

बरवाडीह एक खूबसूरत रेलवे स्टेशन है, कुछ दूरी पर खेत, जंगल और पहाड़ों में फैली हरियाली यात्रियों के मानस में भी विस्तारित हो जाती। ज्यादा बड़ा स्टेशन न होने के कारण यात्रियों की भीड़भाड़ भी कम ही होती। स्टेशन के बाहर एक सूखा पेड़ था वहीं स्टेशन से होकर जाने वाली सड़क में कुछ दूरी पर जामुन का एक बड़ा पेड़ था, उसकी घनी और ठंडी छाँव तले बदरू हंसदा हंड़िया बेचती जैसे वह तपती दुनिया के लू के थपेड़ों से थोड़ा निजात पा लेती। हंड़िया को कुछ लोग राइसबियर कहते, इस राइसबियर को पीने के शौकीन लोग, बिना किसी शर्म-लज्जा के जामुन के छाँव तले गटागट एक-दो गिलास पी लेते, उबले चने का चखना भी बदरू हंसदा के पास उपलब्ध होता। कुछ लोग बॉटल और जरकिन में हंडिया भर कर ले जाते।

बदरू हंसदा ने ये कभी नहीं सोचा कि लोग क्या कहेंगे न आज न पहले, अपने और अलादीन का पेट भरने के लिए कोई और चारा भी तो नहीं था उसके पास। एक भाई था रीझन, अपढ़ था। रोजगार की तलाश में मुम्बई गया था, वहाँ समुद्र से बालू निकालने का काम मिला, साथ में कुछ और लड़के भी थे जो पहले ही आसपास के गाँव से गये हुए थे। रीझन समुद्र में डुबकी लगाता, कमर में रस्सी बँधी होती जिसका एक सिरा एक बड़े नाव से बंधा होता। जब रीझन पानी से बाहर आता तो साथ में बाल्टी भर रेत होती, एक बार तो बाल्टी में फँस कर एक नर खोपड़ी आ गयी, पानी से बाहर आकर जब उसकी नजर उस खोपड़ी पर पड़ी तो मुँह से एक चीख निकल गयी उस चीख में भय कम और विनोद ज्यादा था।

समुद्र से रेत निकालने में रीझन बड़ा कुशल था, इस काम के बदले उसे पैसे भी तो ज्यादा मिलते थे। उसका बचपन गरीबी और अभाव में बीता, अब एक मौका मिला है तो रीझन माथे पर लगे गरीबी के कलंक को धो डालना चाहता था। लेकिन एक दिन उसकी तबीयत ऐसे बिगड़ी कि ठेकेदार ने उसकी गाँव वापसी का टिकट ही कटवा दिया, ठेकेदार भला कोई जोखिम क्यों उठाता, आदमी काम का है तो ठीक नहीं तो उसे चलता करो। गुमला के सरकारी अस्पताल में बहुत इलाज कराया, जितने पैसे कमाये थे, खर्च हो गये, पर बीमारी का ठीक-ठीक पता नहीं चल सका, डॉक्टर ने इतना ही बताया कि समुद्र के पानी से संक्रमण हो गया है। रीझन के मरने के बाद उसके बिस्तर पर कुछ कीड़े रेंगते हुए दीख पड़े थे। किसी ने बताया कि वे कीड़े रीझन की नाक से निकले थे, पता नहीं यह सच था या अफ़वाह। जस्सी हंसदा का भाई ही तो एक सहारा था, पिता तो बचपन में ही गुजर गये थे। माँ बीमार ही रहती थी।

रीझन मुंबई से साल-छःमहीने में घर आता तो माँ के हाथों में कुछ रुपये रख देता, पर वे रुपये भी माँ-बेटी के गुजारे के लिए कम ही पड़ते। एक दिन माँ ने जस्सी से कहा– “जस्सी हमें मन दो-चार ठे बकरी पाल लेई का।” जस्सी ने हामी भर दी, यह काम बहुत कठिन नहीं था, चराने के लिए पास में ही जंगल और खेत थे।अगले ही दिन जस्सी की माँ गाँव के मुखिया के घर से एक हजार रुपये में एक बकरी खरीद कर घर ले आयी। बकरी के साथ घर में जैसे एक उम्मीद भी आ गयी। बकरी को चराने का जिम्मा जस्सी पर ही था, कभी अगर वह दूसरे काम में उलझीं रहती तो पेड़ की छोटी पत्तेदार डालियाँ काट कर ले आती और बकरी के पास रस्सी के सहारे टाँग देती, बकरी एक-एक पत्ती नोच कर खाती जाती, जब पेट भर जाता तो टाँगों के बीच मुँह घुसा कर सो जाती। झरबेरी के पत्ते बकरी को खूब भाते। एक साल बाद बकरी ने दो छौनों को जन्म दिया, जस्सी और उसकी माँ बहुत खुश थीं, दो वर्षों में ही जस्सी के घर बकरे-बकरियों का एक छोटा कुनबा पलने लगा।

बकरियाँ खेतों में चर रही थीं, धान की फसल कट चुकी थी, खेतों के बीच छोटी-छोटी घास हरियाने लगी थी, बकरियों को छोटी घास ही ज्यादा पसन्द आती हैं। दूर से कुत्तों के भौंकने की आवाजें आ रही थीं। जस्सी को पता था कि पास के जंगल के रास्ते दूर की पहाड़ियों से छुपते-छुपाते अक्सर भेड़िये आ जाते हैं, बकरियाँ उन भेड़ियों का आसान शिकार थीं। चरवाहे के साथ

होते भी कोई बकरी जरा नजर से ओझल हुई कि भेड़िये उसको अपना शिकार बना लेते, अगर चरवाहा अकेला हुआ तो खुद भी भेड़ियों की लाल डरावनी आँखों, लपलपाती जीभ और पैने दाँतों को देख कर घबरा जाता और अपनी बकरियों को भेड़ियों का शिकार बनते लाचार हो बस देखता रह जाता। अगर चरवाहे की घुटी चीख गाँव तक पहुँचती तो चरवाहे की पत्नी चूल्हे में कलछी डाल कर एक टोटका करती जिससे वह गर्म कलछी की ताप भेड़िया के मुँह में जा लगती और भेड़िया शिकार को वहीं छोड़ कर अपने झुंड सहित भाग खड़ा होता, लेकिन चिल्लाने के लिए चरवाहे के पास हिम्मत बची हो तब न।

जस्सी ने अपने चारो ओर नजर घुमा कर देखा, जब वह आश्वस्त हो गयी तो सोचा ढोढ़ी में नहा ले फिर कुछ देर बाद बकरियों को हाँक कर घर ले जायेगी। जस्सी ने पोटली से झावाँ निकाला और रगड़-रगड़ कर एड़ियों को साफ करने लगी। बीच-बीच में वह बकरियों को देख लेती और आवाज भी दे लेती। नहा लेने के बाद उसने गीले कपड़ों को बदल कर, मिट्टी से धुले बालों की लटों को उँगलियों से सुलझाते हुए ढोढ़ी के शान्त हो चुके पानी में अपना चेहरा निहारने लगी। बिल्कुल साधारण रंग-रूप, गाँव की दूसरी लड़कियों से भी उन्नीस। अपनी ही धुन में खोई जस्सी अचानक चौक गयी। "ऐ सहिया! बकरी बेचबू का?" किसी पुरुष की आवाज सुन कर जस्सी पीछे मुड़ कर देखने लगी। कुछ ही दूरी पर एक पुरुष सिर पर गमछा बाँधे, सफेद कुर्ता और चौखाना छाप लुंगी पहने खड़ा है। जस्सी समझ गयी ये बकरियों का खरीदार है, जस्सी ने अनमने भाव से जवाब दिया–"मोर माय जानी, माय से पूइछ लेबू तक बताबूँ।" इतना कह कर जस्सी दूर बहकती बकरियों को लौटा लाने के लिए दौड़ पड़ी। दो दिन बाद शाम को अपने घर के बाहर उसी पुरुष को देख कर जस्सी चौंकी नहीं लेकिन उसे आश्चर्य जरूर हुआ क्योंकि उसने जस्सी से घर का पता तो पूछा नहीं था। जस्सी ने माँ को आवाज दी–"माँ बकरवाल आइ हिक, बात कइर ले।" इतना कह कर जस्सी घर के भीतर चली गयी। थोड़ी देर बाद जस्सी अपनी माँ के साथ बाहर आयी, बकरवाल ने ज्यादा मोल-भाव नहीं किया और, दो बकरों का पाँच हजार में सौदा तय हो गया। जस्सी पैसे लेकर जल्दी से भीतर चली गयी, वह अपने पाले हुए बकरों को ऐसे दूसरों को ले जाते हुए भला कैसे देख सकती। जाते हुए बकरवाल ने जस्सी की माँ से कहा– "मोर नाम बदरुद्दीन अंसारी हिके, अम्मा अउर बकरा बढ़ाये रखबे लेहे के आबूँ।"

जस्सी ट्रेन के आगे कूद कर मर जाना चाहती थी लेकिन उसे अभी और दुनिया देखना शेष था, अपने हिस्से की गरीबी का दंश और झेलना था, शायद इसीलिए तो किसी अनजाने व्यक्ति ने उसे ट्रेन के सामने कूद जाने से रोक लिया था। उस भले आदमी ने साइकल से जाते आदमी को रोक कर कहा–"सुनिये, आप इन्हें पहचानते हैं, मैं तो यात्री हूँ, गाड़ी आने में एक घंटा देर है सो इधर टहलने चला आया, ये ट्रेन के सामने कूद जाना चाहती थीं, मैं इन्हें काफी देर से देख रहा था, और इनका इरादा भांप गया था।" जस्सी नजरें नीची किये चुपचाप खड़ी रही एक मिनट बाद उसने पलकें उठाईं तो सामने केंदा मुंडा को देख, फफक कर रो पड़ी। केंदा मुंडा ने कुछ नहीं कहा, उसे रो लेने दिया फिर उस अनजान आदमी को हाथ जोड़ कर धन्यवाद दिया और जस्सी को साइकल में बिठा कर घर तक छोड़ दिया। उसने रास्ते में जस्सी से बस इतना ही कहा–"तोंय तो मइर जाते, तोर मरे के बाद तोर माय के का हाल होतक।"

बदरुद्दीन, बकरी खरीदने के बहाने एक दो महीने में गाँव आने लगा, और हर बार वह जस्सी के घर भी पहुँच जाता, जबकि जस्सी के घर बेचने लायक बकरियाँ भी नहीं होतीं। गाँव के लोगों से यह बात छिपी न रह सकी, लोग ऐसे मामलों में पहले तो चुप ही रहते हैं लेकिन जब उन्हें लगता है कि पानी सर से ऊपर चला गया है तब उनकी चुप्पी टूटती ही नहीं, जहरीला तीर बन जाती है। बदरुद्दीन ने जस्सी और उसकी माँ को बताया था कि उसकी पत्नी मर चुकी है, दो बच्चे हैं, बस अपना और बच्चों का पेट भरने के लिए वह दर-दर भटक रहा है। जस्सी को बदरुद्दीन पर तरस आता लेकिन उसने कभी कुछ कहा नहीं, लेकिन उसके बिना कुछ कहे ही बदरुद्दीन उसके मन के भाव समझने लगा था। ऐसा नहीं कि जस्सी के मन ने उसे चेतावनी न दी हो, लेकिन मन में जागते संदेह को उसने यह सोच कर दरकिनार कर दिया कि आखिर बदरुद्दीन के मन में भी तो कहीं उसके लिए जगह है तभी तो वह बार-बार यहाँ चला आता है, माँ और जस्सी का हाल-चाल पूछ लेता है। फिर मन में उठते भाव को संयत कर खुद को तसल्ली देती कि अगर उसकी पत्नी जीवित होगी तो भी क्या मुसलमान तो एक साथ कई पत्नियाँ रख सकते हैं, जब मन किसी की ओर झुक जाता है तो उसके दोष देख सकने की दृष्टि भी जैसे मंद पड़ जाती है, वैसे भी गरीब और अतिसामान्य दिखने वाली जस्सी से कौन विवाह करेगा।

उसके समाज में लड़कों से ज्यादा लड़कियों की संख्या थी, कई लड़कियाँ तो बिनब्याही ही बूढ़ी हो चली हैं।

बदरुद्दीन माँ-बेटी को भरोसा दिलाता कि जब वह ज्यादा रुपये कमा लेगा तो उन्हें अपने साथ ही रखेगा, गुमला में एक छोटा सा घर भी बनवा लेगा। जस्सी जाने क्यों उसकी बातों पर भरोसा कर लेती, वह खुद नहीं समझ पाती। एक दिन जस्सी ने बदरुद्दीन को बताया कि वह पेट से है। पहले तो बदरुद्दीन चुप रहा फिर कुछ देर बाद जस्सी को समझाने की कोशिश की, कि अभी ठीक समय नहीं है, अभी बच्चा गिरा देना ही ठीक रहेगा। जस्सी असहाय हो बदरुद्दीन का चेहरा देखती रही, मुख से एक शब्द भी नहीं निकला। जब जस्सी की माँ को पता चला तो पहले तो उसने जस्सी को खूब गालियाँ दीं, जब गुस्सा ठंडा हुआ तो उसने भी बेटी को वही नेक सलाह दी, लेकिन जस्सी किसी की बात मानने को तैयार ही नहीं हुई। तीन महीने बाद बदरुद्दीन वापस आया लेकिन एक घंटा ही वहाँ रुका, वापस जाते समय वह जस्सी के हाथ पाँच हजार रुपये रख गया। इसके बाद कई महीने बीत गये बदरुद्दीन लौटकर नहीं आया, जस्सी ने भी जैसे उसका रास्ता देखना छोड़ दिया।

वह अमावस की अंधेरी रात थी, झींगुर और अनजाने कीड़े-मकोड़ों की आवाजें अंधेरे को और घना कर रही थीं। जस्सी की माँ की अनुभवी आँखों ने शाम से ही भाँप लिया था कि आज माँ-बेटी की कठिन परीक्षा की रात है, उसने केंदा मुंडा से कहकर जचकी कराने वाली सुखो दाई को भी बुलवा लिया था। जस्सी जब दर्द से कराहने लगी तो उसकी माँ अंधेरे में टटोलती हुई बाहर निकली और सुखो दाई की बाट जोहने लगी, साथ ही वह बड़बड़ाती जा रही थी–"केतना समझा लों, जस्सी कुछो सुनलक नहीं, अब मैं ई बुढ़ौती में एकला का करबूँ, जस्सी तो मोके मरे से पहिलहे माइर देलकएहे भगवान मोय का करों।" उसी समय टार्च की मद्धिम रोशनी दिखाई दी, जैसे असीम समुद्र के बीच डूबती नौका को कोई बचानेवाला मिल गया हो। केंदा मुंडा ने पास आते ही फुसफुसा कर कहा–"काकी जा तोयें सुखो दाई के भीतर ले जा मोंय बहिररहें बइठल हों।" सुखो– "दीदी तोय कहबे होले रातोंराइत मोय बच्चा के ठिकाने लगाय देबूँ, नहीं त राँची में अनाथ आश्रम में छोइड़ आबूँ।"अशक्त जस्सी की आँखें अधमुँदी थीं लेकिन चेतना तो थी, उसने माँ और सुखो दाई की ओर कातर दृष्टि से देखते हुए लड़खड़ाती ज़बान से कहा–"नहीं, मोर बच्चा

हिके आजी, मोय पायेल-पोइस लेबूँ, मोर बच्चा देएदे।"आखिर माँ का दिल कब तक कठोर रह सकता है, सुखो भी तो एक औरत ही थी, माँ की ममता उसे भी तो पता थी, आखिर उसने थक-हार कर बच्चे को जस्सी के बगल में सुला दिया।

कई महीने बीत गये, गाँव वालों ने जस्सी को नहीं देखा। वह भोर में ही उठ कर ढोढ़ी में नहा कर आ जाती और रात के अंधेरे की प्रतीक्षा करती और आस-पास टहल आती, नमक-तेल जैसे जरूरी सामान लाना माँ के जिम्मे आ गया था। एक दिन चिन्तातुर हो जस्सी की माँ ने बेटी को सीख देने के अन्दाज में कुछ ऐसी बातें कह दीं जो जस्सी को सीख के साथ बड़ा हौसला भी दे गयीं। आज जस्सी हिम्मत जुटा कर दिन के उजाले में ही घर से बाहर निकली, स्टेशन की ओर जाने वाली कच्ची सड़क के किनारे एक छोटी सी दुकान थी, जस्सी ने जरूरत का कुछ सामान खरीदा और वापस जाने के लिए मुड़ी ही थी कि एक मनचले की आवाज जस्सी के कानों में टकराई–"बदरू केर जस्सी" एक पल को जस्सी के कदम ठिठक गये लेकिन वह रुकी नहीं और न ही पीछे मुड़ कर देखा जस्सी को इस स्थिति का अन्दाजा पहले से ही था। नामकरण तो बच्चे का होना था लेकिन लोगों ने जस्सी का नया नामकरण कर दिया। अब जस्सी हंसदा बदरू हंसदा के नाम से पुकारी जाने लगी। पहले लोग पीठ पीछे कहते थे, अब तो सामने ही इस नाम से पुकारने लगे, जस्सी ने कभी प्रतिकार नहीं किया, करती भी कैसे दुनिया से अकेले टकराना क्या इतना आसान होता है। या कौन जाने वह इसी रूप में बदरुद्दीन अंसारी से बदला लेना चाहती हो, उसने शायद इसीलिए बच्चे का नाम अलादीन रख दिया, जो प्रत्यक्ष था उसे ढकने का क्या फायदा।

देखते-ही-देखते अलादीन तीन साल का हो गया। एक दिन उसने माँ से पूछा– "माँ, मोर अबा कहाँ हिके? जस्सी को पहले से ही अन्दाजा था कि लोग अलादीन के माध्यम से इस प्रश्न का उत्तर पाना चाहेंगे, उसने अलादीन की ओर देखे बिना कहा– "तोर अबा मइर गेलक" जिस बच्चे ने कभी अपने पिता को देखा ही न हो, उसके लिए उसका मर जाना क्या अर्थ दे सकता था। अब गाँव वालों को भी बदरुद्दीन के बारे में जानने की इच्छा नहीं होती, शायद वे अलादीन के माध्यम से जान गये कि बदरुद्दीन कम से कम जस्सी के लिए तो मर ही चुका है। जस्सी की अब दोहरी जिम्मेदारी थी बीमार माँ

की देखभाल और अलादीन की परवरिश। सर छुपाने के लिए एक टूटा-फूटा मकान था, छोटी-सी बाड़ी थी और चार बकरियाँ थीं जिन्हें वह रोज चरवाहे के हवाले करती और शाम को बगल वाली कोठरी में बाँध देती। हंड़िया, जस्सी की छोटी-सी कमाई का जरिया थी, वह भी गर्मी के दिनों में। जस्सी दोपहर से शाम तक जामुन की छाँव तले बैठी रहती, अलादीन भी वहीं खेलता रहता।

केंदा मुंडा ने एक दिन मौका देख कर कई दिनों से मन में चल रही गुप्त इच्छा को जस्सी की माँ के सामने प्रकट कर ही दिया–"काकी, जस्सी का एकले जीवन बिताय देवी, तोंय कह तो, मोंय ओके रइख लेबूँ, अलादीन हूँ, पइल-बइढ़ जई।" जस्सी की माँ को केंदा मुंडा का प्रस्ताव ठीक लगा, क्या हुआ कि वह जस्सी से उम्र में बारह साल बड़ा था, पर आदमी तो अच्छा है। "ठीक कहथिस बाबू, मोंय कोनों दिन मइर जाबूँ होले जस्सी केर का होई" कह कर जैसे उसने अपनी सहमति दे दी। एक दिन जस्सी की माँ ने जस्सी को समझाने-मनाने की कोशिश की लेकिन जस्सी खुद को इस फैसले के लिए नहीं मना सकी। जबकि जस्सी को पता था कि उम्र से ज्यादा बीमारी उसकी माँ पर हावी होती जा रही है। जीवन के दिन तो बीतते ही जाते हैं चाहे वे सुख के हों या दुख के, एक दिन जस्सी की माँ रात को ऐसे सोई कि सुबह उठी ही नहीं, माँ के मरने पर जस्सी को जोर-जोर से रोते हुए किसी ने नहीं देखा।

जस्सी अब पहले से ज्यादा शान्त रहने लगी थी, अलादीन भी माँ को चुप देखकर, बस टुकुर-टुकुर देखता रहता, थोड़ा खेलता फिर माँ के पास आकर बैठ जाता तो कभी एक-एक कर टपकते जामुन को अपनी नन्ही हथेलियों में भर लेता, ट्रेन के भोंपू की आवाज सुन उसकी नकल करने की कोशिश करता। एक दिन कुछ अधेड़ पुरुष हंड़िया खरीदने आये, उनमें से एक ने कुटिल मुस्कान के साथ "क्यों बदरू चखना भी खिलाओ, बिना चखना के हंड़िया का स्वाद कैसे मिलेगा।" फिर वे आपस में एक-दूसरे को देख कर मुस्कुराने लगे। उनके जाने के बाद जस्सी ने अलादीन को अपनी गोद में बिठा लिया, उसकी आँखों में आँसू भर आये।

केंदा मुंडा स्टेशन की ओर जा रहा था, सामने से सिर में हंडिया की देगची रखे, अलादीन की उँगली थामे जस्सी आती दिखाई दी, केंदा मुंडा ने साइकल रोक कर पूछा–"स्टेशन जाथिस का? जस्सी–"हाँ" केंदा मुंडा–"जस्सी तनि होशियार बन, एतना बड़े जिन्दगी है, कइसन बीती, और सुन अलादीन के

स्कूल में भर्ती करइ दे, पढ़-लिख लेवी तो तोर सहारा बइन जई।" जस्सी को केंदा मुंडा की बातें ठीक लगी। हिरणी को शिकारियों से बचने के लिए, चकमा देना सीखना पड़ता है, गुजरे समय से भी जस्सी कई-कई सबक सीख चुकी थी, लोग कहते–"जस्सी बहुत बदल गयी है भाई, कोई उसके मुँह मत लगना।" जस्सी एक दिन अलादीन को स्कूल ले गयी, मास्टर साहब से प्रवेश सम्बन्धी जरूरी बातों की जानकारी लेकर जब वापस जाने लगी तो बरामदे में केंदा मुंडा मिल गया, उसने मुस्कुराते हुए पूछा– "कोई दिक्कत तो नयी है?" जस्सी ने जवाब दिया–"नहीं ददा, सब ठीक है।" जस्सी आज बहुत खुश थी।

जस्सी अलादीन को डॉक्टर बनाना चाहती थी, भाई और माँ को उसने ठीक इलाज न करा पाने के कारण ही तो खोया था। पखेरू की तरह उड़ते दिनों को जस्सी ने पकड़े रखने की चाह कभी मन में नहीं रखी, आज इतने वर्षों बाद, जस्सी का सपना साकार हो गया, उसकी तपस्या जैसे फलीभूत हो गयी, उसके बेटे ने सफलतापूर्वक डॉक्टरी की पढ़ाई पूरी कर ली। जस्सी इस सपने को प्रत्यक्ष देख कर भी विश्वास नहीं कर पा रही थी। केंदा मुंडा की आँखें भी भीग गयीं, अलादीन केंदा मुंडा की आँखों को पोंछते हुए कहा–"काका, अब मैं तुम्हारा इलाज करूँगा, तुम न होते तो क्या मैं डॉक्टर बन पाता, देखना अब तुम्हारे घुटनों का दर्द बिल्कुल ठीक हो जायेगा।" केंदा मुंडा ने अलादीन के हाथों को कस कर पकड़ लिया और कहा–"मेरा इलाज तो ठीक है लेकिन तुम बताओ, इस बीमार समाज का इलाज करने वाले डॉक्टर नहीं होते क्या, मुझसे ज्यादा इस समाज को इलाज की जरूरत है।" जस्सी जैसे बुत बनी खड़ी थी, उसकी आँखों से दो मोटी धार निकल कर उसके पैरों को भिगोने लगी।

चिड़िया का विलाप

कितने सुन्दर-सुन्दर फूल खिले हैं मेरे आँगन में, लाल, पीले, सफेद, गुलाबी तरह-तरह के फूल। वहीं डाली पर एक चिड़िया बैठी है, कौन सी चिड़िया है इससे पहले मैंने इतनी खूबसूरत चिड़िया नहीं देखी थी, वह इतनी सुन्दर है कि देखते हुए आँखें नहीं थक रही है। चिड़िया का जीवन कितना अच्छा है, इस पेड़ से उस पेड़, इस डाल से उस डाल पर उड़-उड़ कर बैठना, चहकना, वह कब किसकी पकड़ में आती है, उसकी अपनी आज़ादी है, अपनी इच्छा से गाना और जीना।

ऐसी ही एक चिड़िया थी, असम के चाय बागान में उसका जन्म हुआ, वहीं वह बड़ी हुई, पंखों को फड़फड़ाना सीखा, उसकी माँ ने उड़ना सिखाया। एक दिन वह उड़ते-उड़ते चाय बागान से बाहर निकल गयी, पहाड़ की तराई में बहती नदी के किनारे पत्थर पर बैठ गयी और सिर उठा कर पहाड़ की ओर देखने लगी। वह सोचने लगी यह पहाड़ तो बहुत ऊँचा है, मैं इस पहाड़ के उस पार तक पहुँच पाऊँगी या नहीं। इस पहाड़ पर तो नगा जाति के लोग रहते हैं, अगर किसी नगा युवक ने मुझे पकड़ लिया और बाँस के पिंजरे में क़ैद कर लिया तो उड़-उड़ कर सारी दुनिया देखने की मेरी अभिलाषा का क्या होगा! चिड़िया ने बहुत सोचा फिर ब्रह्मपुत्र नदी में स्नान किया, पंखों को सुखाया उसके पश्चात् उड़ना प्रारम्भ किया। अपनी उड़ान को तेज कर वह उड़ती ही गयी, उड़ते-उड़ते वह बहुत दूर चली आयी। रास्ते में जब वह थक जाती तो रुक कर खेतों में लगी धान की बालियों से दाना चुग लेती, तो कहीं पेड़ों के पके फल खा लेती।

घने जंगल के एक बड़े पेड़ पर वह चिड़िया जा कर बैठ गयी। उसी समय कुछ राहगीर आये और उसी पेड़ के नीचे सुस्ताने लगे, कुछ देर बाद उन्होंने तुम्बी में रखे पानी से अपनी प्यास बुझाई और पत्तल में बाँध कर लाई बासी भात और सुकटी-प्याज के साथ खाने लगे। भोजन करते-करते वे बातें करने

लगे। उनमें से एक ने कहा–"जंगल कटते जा रहे हैं, हमारे राजकुँवर भी हमें डराते हैं। हमारा सरगुजा कितना अच्छा है, लेकिन आज हमारी जमीन हमारे लिए ही छोटी होती जा रही है। लगता है हमें अपनी जमीन छोड़ कर अन्यत्र 'दोघरा' जाकर बसना होगा। पेड़ पर बैठी चिड़िया प्रसन्न हो गयी कि यह तो उसके पूर्वजों की भूमि सरगुजा है, उसके माता-पिता चाय बागान में काम करते हुए अक्सर बातें करते थे कि उनका सरगुजा क्षेत्र कितना अच्छा है लेकिन पेट की आग उन्हें इस असम राज्य में ले आयी। वैसे तो असम राज्य भी बहुत अच्छा है लेकिन अपनी जन्मभूमि सबसे बड़ी और और अच्छी लगती है। वह चिड़िया अपने पुरखों की भूमि में पहुँच कर बहुत खुश हुई, वह इस पेड़ से उस पेड़ पर उड़-उड़ कर बैठने लगी, कभी वह साल के पेड़ पर बैठती तो कभी महुआ, कभी कुसुम तो कभी तेंदू के पेड़ पर।

एक बड़ा साल वृक्ष उसे पसन्द आया और उसने उसे ही अपने बसेरे के लिए चुना। वह पूरे दिन पहाड़, जंगल, खेत-खलिहानों के चक्कर काटती और संध्या समय वापस उसी वृक्ष की मोटी शाखा पर विश्राम करती। उस ऊँचे पेड़ से दूर-दूर का दृश्य साफ-साफ दिखाई देता। किसानों द्वारा हल चलाना, बीज बोना, काटना, निराना, चरवाहों का गाय चराना, महिलाओं द्वारा लकड़ी इकट्ठा करना, महुआ बीनना। चिड़िया ये सब देखकर खुश होती और गाने लगती, उसके साथ दूसरे पक्षी भी सुर मिलाते। चिड़िया गाते-गाते कभी-कभी रोने लगती। गाँव के लोगों का भ्रमित होना, ठग लिया जाना, लुट जाना साथ ही उनका मदिरापान करना उसे दुखी कर देता। साल के उस बड़े वृक्ष पर कई अन्य पक्षी भी आकर रहने लगे, पेड़ की शाखाओं पर सुबह-शाम पक्षियों का कलरव देखते बनता। गाँव वालों का ध्यान बरबस ही उधर खिंचा चला जाता, चरवाहे युवक शरारत करते और अपने गुलेल से चिड़ियों पर निशाना साधते।

चिड़िया को इस पेड़ पर रहते हुए कई वर्ष बीते, वह चिड़िया ग्रामीण परिवेश में बदलाव होते भी देखती, पहले गाँव की युवतियाँ अपने बालों का जूड़ा बनाती थीं और रंगीन फीते से उसे बाँध कर सजाती-सँवारती थीं, लेकिन समय के साथ उनकी वेशभूषा भी बदलने लगी थी। एक दिन उस चिड़िया का मधुर गान जाने क्यों विलाप में बदल गया। एक चंचल शोख़ युवती साल के बीज बीनने आती थी, जैसे साल के बीज हवा में उड़ते गोल-गोल घूमते जमीन पर गिरते वैसे ही उसके जूड़े में बंधा फीता हवा में फरफराता, इससे युवती

का सौन्दर्य और बढ़ जाता। उसके रूप-रंग को सार्थक करता सा उसका नाम था चंदो। कभी-कभी चंदो साल बीज बीनते-बीनते थक जाती तो पेड़ के नीचे पत्थर पर बैठ जाती। कभी-कभी सुस्ताते हुए गीत गाने लगती–"उढियारोन आलोन सोना हाय रे डेना मलेका" (उड़ कर चली आती संगी, क्या करूँ पंख नहीं हैं)

उस गाँव में अक्सर शहर से दो युवक मोटरसाइकल से आते और आसपास घूम-फिर कर वापस चले जाते। चंदो दूर से उन युवकों को देखती, उन युवकों ने चंदो को कई बार अपनी ओर देखते हुए देख कर समझ लिया कि वो उनसे बात करना चाहती है। एक दिन मौका देख कर उन्होंने चंदो से बात कर ली, चंदो के मन की बात समझ कर उनमें से एक ने कहा–"शहर में तो तरह-तरह की गाड़ियाँ होती हैं, वहाँ के लोगों का पहनना-ओढ़ना, खाना-पीना गाँव वालों से बिल्कुल अलग और बढ़िया होता है। शहर में काम करने वालों को रुपये भी बहुत मिलते हैं। तुम कहोगी तो हम तुम्हारे लिए शहर में काम ढूँढ़ देंगे।" कह कर अपने साथी की ओर देखा जैसे इस बात में उसकी भी सहमति हो।

चंदो रोज साल बीज बीनने आती मगर अनमने भाव से पेड़ के नीचे पत्थर पर बैठ जाती, साल के बीज गोल-गोल घूमते जमीन पर गिरते रहते फिर भी चंदो की टोकरी आधी ही रहती। चिड़िया पेड़ पर बैठी यह सब देखती रहती। चंदो को न जाने कौन सी चिन्ता सता रही थी, अपने गाँव घर में व्याप्त भूख, गरीबी या पिता की बीमारी, या भाई के माथे पर खिंची लकीरें। एक दिन चंदो ने अपने माता-पिता और भाई-भाभी को अपने मन की बात कह दी। वे चंदो की बात सुन कर अचंभित हो गये लेकिन बाद में उसकी बातों से सहमत भी हुए। एक दिन चंदो बस में बैठ कर शहर चली गयी, भाई का हृदय जोरों से धड़कने लगा, अपनी बहन को गाड़ी में बैठा कर वह सड़क के किनारे जमीन पर बैठ गया, माथे पर हाथ रख कर गाड़ी को दूर तक जाते हुए देखता रहा।

पेड़ पर बैठी चिड़िया की आँखें चंदो को ढूँढ़ती हैं लेकिन वह कहीं नहीं दिखती। चंदो के माँ-बाबा रात भर जागते, ठीक से सो न पाते, लोगों को समझाते कि चंदो शहर में काम करने गयी है लेकिन लोगों को समझाना क्या इतना आसान होता है। छ: महीने बाद चंदो गाँव वापस आयी, माँ-बाबा के लिए नये कपड़े, भाई के लिए एक बड़ा टार्च और गंगबूट, भाभी के लिए नायलोन की छींटदार साड़ी। गाँव वालों को जब चंदो के वापस आने की खबर

मिली तो पास-पड़ोस के लोग मिलने आये, इस समय सारी बातें भूल कर सभी चंदो से मिल कर खुश हो रहे थे, उसकी कुशलता सभी को आनन्दित कर रही थी। लेकिन वापस जाते हुए कुछ लोग आपस में ठिठोली भी कर रहे, उनकी बातें सुन कर चंदो के भाई को अच्छा नहीं लगा लेकिन बहन के लौट आने की खुशी के समक्ष वह पीड़ा कम ही थी। चंदो के माँ-बाबा और भाई-भाभी तो इस बात से खुश हो रहे थे कि आजकल लड़कियाँ भी लड़कों के समान पैसे कमा सकती हैं और घर की जिम्मेदारी उठा सकती हैं, गाँव वाले चाहे जो कहें क्या फर्क पड़ता है। चंदो की नयी डिजाइन की साड़ी देख कर गाँव की लड़कियाँ ललचाने लगीं थीं।

चंदो चार सालों तक तो साल में एक बार गाँव आती रही, लेकिन उसके बाद वह गाँव लौट कर नहीं आयी। चंदो के माता-पिता और भाई-भाभी को चंदो की चिन्ता सताने लगी। एक बार भाई चंदो का पता लगाने शहर भी गया लेकिन चंदो का कोई पता न चला, वह बहन को नहीं ढूँढ़ पाया। वर्ष बीतते गये पाँच साल से दस साल बीत गये लेकिन चंदो लौट कर नहीं आयी, चाँद सी चमकने वाली चंदो जैसे बुझ गयी, उसके माँ-बाबा रो-रो कर थक गये।

मेरी बाड़ी के जामुन पेड़ पर न जाने कौन सी चिड़िया का बसेरा है, वह रोज भोर में मधुर गान करती है, सुन कर मेरा मन आह्लादित हो जाता है, ऐसा लगता है जैसे वह चिड़िया मुझसे कुछ कहना चाहती है। मैं उस चिड़िया को देखना चाहती हूँ लेकिन उस समय अंधेरा होने के कारण मुझे वह दिखाई नहीं देती, लोग कहते हैं–माँ, मरने के बाद चिड़िया बन जाती है।

जेनी मेमसाब

मैं सोनामनी। जेनीफर की सखी, उसकी हमराज़, उसका दुख-सुख साझा करने वाली गाँव-गँवई की स्त्री। मैंने उसे आसमान से जमीन पर उतरती परी के रूप में देखा और आज उसकी बदहाली भी देख रही हूँ। ओह! अविश्वसनीय! क्या ऐसा भी हो सकता है, ऐसा तो मैंने बचपन में दादी के किस्से-कहानियों में सुना था कि एक राजकुमारी ने अपने बालों को एक छोटी-सी डिबिया में बंद कर नदी में बहा दिया, वह डिबिया एक चरवाहे के हाथ में आ गयी जब वह नदी के पानी को अंजुरी में लेकर पी रहा था। डिबिया में मिले सुनहरे बालों को पाकर वह स्वप्नलोक में खो गया, उस सुनहरे बालों वाली परी की एक झलक पाने को व्याकुल हो गया। भूखा-प्यासा वह नदी के किनारे-किनारे चलता गया, कई दिन, कई रात। भूखा-प्यासा चरवाहा एक दिन नदी किनारे बेहोश होकर गिर गया। जब आँख खुली तो सुनहरे बालों वाली परी उसे पंखा झल रही थी, उसे बड़े प्रेम से निहार रही थी। ऐसा तो दादी की कहानियों में होता था, लेकिन यही कहानी हकीकत में लोगों के सामने घटित हो तो वह अविश्वसनीय कैसे नहीं होगा।

बचपन में अपने गाँव रानी झरिया में रहते हुए कितनी सुखद अनुभूति होती थी। उन्हें रानी झरिया बहुत पसन्द आया था। नदियों, झरनों, खूबसूरत पहाड़ों से घिरा एक खूबसूरत गाँव। रानी झरिया के दूसरे छोर पर उन्होंने अपनी एक बस्ती बसा ली थी, जहाँ कई तरह के फलदार पेड़ थे, तरह-तरह के फूलों के पौधे थे। गोरे अँग्रेज साहब और मेमसाहब अपने महलनुमा बड़े-बड़े घर के फुलवारी और बगीचे में झूला डाले, झूलते खूब हँसते, खूब खुश होते।

एक बड़े अँग्रेज अधिकारी थे स्टीफन हेनरी, पत्नी जूलियाना हेनरी और बेटी जेनीफर हेनरी, माता-पिता बेटी को जेनी कह कर बुलाते। कितना खुशहाल परिवार था, कितना खूबसूरत बंगला था, आम का एक बगीचा था जिसमें न जाने कितने किस्म के आम के पेड़ थे। मैं बहुत छोटी थी जेनीफर

से बहुत छोटी, कभी-कभी मैं भाई के साथ मिस्टर हेनरी के बंगले तक जाती और घेरे के बाहर टपके आम फरिया में बाँध कर ले आती और छिपा कर रख देती और फिर कई दिनों तक खाती रहती।

बड़ी होती खूबसूरत जेनीफर....ओह! मेरी दादी की कहानियों की सुनहरे बालों वाली परी। पड़ोस के गाँव का एक नौजवान रामा मुंडा मिस्टर हेनरी के बाग की रखवाली करता। श्याम वर्ण, लम्बा छरहरा शरीर, वह जिस आम पर निशाना साधता वह आम अगले ही पल उसके हाथ में होता, फुर्ती इतनी कि आम की डालियों पर गिलहरी की तरह इस डाल से उस डाल पर पहुँच जाता। एक साल पहले ही उसकी शादी हुई थी, उसकी पत्नी लवनी पेट से है। जब वह घर जाता पत्नी के लिए मीठे आम ले जाना नहीं भूलता। लवनी को तो अमिया पसन्द थी खूब खट्टी जिसमें वह नमक-मिर्च लगाकर खाना चाहती लेकिन अब तो आम के पकने का समय था, रामा उसके लिए कच्चे आम कहाँ से लाता। कुछ महीने बाद रामा मुंडा का आँगन किलकारियों से गूंज उठा, कितना प्यारा बेटा हुआ, बिल्कुल अपने बाप पर गया था, वैसी ही चमकती आँखें, खूब घने काले बाल।

रामा मुंडा अब काम में लापरवाही बरतने लगा था। बेटे का मोह वह छोड़ नहीं पाता, उसके बगल में लेटे-लेटे खुद भी ऊ....आ करता, खुद भी छोटे बच्चे सी हरकतें करता। एक दिन लवनी ने कहा–"अरे! काम पर जाओ, साहब तुम्हें नौकरी से निकाल देगा।"

रामा–"अब काम पर जाने का मन नहीं करता।"

फिर बच्चे की ओर इशारा कर बोला–"इसे छोड़ कर जाने का मन नहीं करता।" और लवनी ने मुस्कुरा दिया। उसे पता था कि उसके पति को नौकरी की जरूरत नहीं है, खेतों में इतनी पैदावार तो हो ही जाती है जिससे साल भर घर में चूल्हा जलेगा ही। लेकिन पति दो पैसे कमा कर लाये, यह कौन पत्नी नहीं चाहेगी भला।

जिसका डर था वही हुआ। एक दिन जब रामा मुंडा देर से बंगले पहुँचा तो हेनरी साहब की दहाड़ ने उसे चौंका दिया, गोरे साहब के हाथ में बंदूक देख कर रामा मुंडा जड़ सा अपनी ही जगह पर खड़ा रहा, कुछ न बोला, बोलता भी क्या गलती तो उसने की थी। चुपचाप खड़ा रहा जैसे वह हेनरी साहब की बन्दूक की गोली अपने सीने में उतार लेने को तैयार हो। जेनी अपने पिता के पीछे

खड़ी, बलि पशु से खड़े रामा मुंडा को कातर निगाहों से देखती रही, पता नहीं क्यों उसके लिए उसका हृदय द्रवित हो रहा था। उसने आँखों के इशारे से रामा को बाहर चले जाने को कहा। रामा मुंडा धीरे से पीछे मुड़ा और बाहर जाकर गेट के पास खड़ा हो गया, जेनी को पता था पिता का गुस्सा क्षणिक है और फिर रामा की तरह दूसरा ईमानदार आदमी मिलना भी तो आसान नहीं था।

जेनी किशोरवय को प्राप्त कर रही थी, मन में नयी उमंगों की तरंग उठती, आँखों में चंचलता और चाल में अल्हड़ता अपना जोर दिखलाती। जब वह सफेद स्कर्ट और नीली जैकेट पहन कर निकलती, नयी उम्र के अँग्रेज लड़के फटी आँखों से देखते रह जाते। सैम तो उस पर लट्टू था, दिन में एक बार ही सही जेनी की एक झलक पाकर निहाल हो जाता। वह चाहता कि जेनी घोड़े पर उसके पीछे बैठे, उसकी पीठ से सट कर, बिल्कुल करीब और वह घोड़े की पीठ पर चाबुक मारे, घोड़ा हवा से बातें करने लगे और जेनी डरते हुए उसके और करीब आ जाये। यह तो सैम की कल्पना थी लेकिन ऐसा न था कि जेनी को इसका पता न चलता। प्रेम आखिर छुपाये कभी छुपता है भला, वह तो खुशबू की तरह हर तरफ फैल जाता है, रौशनी की तरह उजास बिखेरता है, पानी की तरह शीतलता देता है, हरियाली बन जंगल-जंगल छा जाता है। स्टीफन हेनरी को भी आखिर कुछ भनक लग ही गयी। अब जेनी पर घर में ही पढ़ने का दबाव आ गया, ट्यूशन मास्टर शाम को दो घंटे पढ़ाने आता और पूरा दिन उसे घर पर रहने की हिदायत मिलती, माँ की तबीयत खराब रहना तो बस एक बहाना मात्र थी।

रामा पूरी ईमानदारी से बंगले पर काम में तल्लीन रहता, फूलों की क्यारियों में पानी देता, खाद डालता, आम की डालियों की छंटाई करता। जेनी की निगाह यूँ ही रामा की ओर चली जाती, वह निरुद्देश्य उसे देर तक ताकती रहती। जब मन ऊब जाता तो पियानों पर कोई धुन निकालने की कोशिश करती। मिस्टर हेनरी तो अपने काम में व्यस्त होते, कभी कलकत्ते, कभी राँची में रुक जाते लेकिन मिसेस हेनरी बेटी के मुरझाये चेहरे को देखती तो मन टीस से भर जाता, माइग्रेन कभी-कभी इस कदर परेशान करता कि वह कई-कई घंटे बिस्तर पर निढाल पड़ी रहती। उसे पता था कि जेनी को सनसेट और सनराइज देखना बहुत अच्छा लगता है, नदी, पहाड़, चिड़िया, तितली उसका मन मोहते हैं। माँ तो माँ होती है और स्त्री होने के नाते स्त्री ही तो स्त्री-मन की बातें समझती है।

एक दिन उसने रामा को बुला कर कहा–"रामा! तुम्हें तो इस इलाके के बारे में सब पता होगा न! तुम कभी-कभी जेनी को नदी दिखा देना, सुना है यहाँ का सनसेट भी बड़ा खूबसूरत होता है। मैं तो कभी देखने न जा सकी, तुम जेनी को दिखा देना।" रामा को कुछ समझ नहीं आया कि वह क्या जवाब दे, बस एक आज्ञाकारी सेवक की तरह उसने हाँ की मुद्रा में सिर हिला दिया।

दामोदर नदी कितनी सुन्दर थी। सफेद बालू से सजी, काले विशाल चट्टानों की पीठ पर उछल-कूद मचाती, जैसे कोई अल्हड़ युवती। नदी तो स्त्री रूप में जानी जाती है लेकिन नाम तो पुरुष का था दामोदर। हाँ जेनी भी तो ऐसी ही थी, तेज तर्रार, हिम्मती, मजबूत इरादे वाली, जो निश्चय करे उसे कर दिखाने वाली, वही स्निग्ध, कोमल, तरल, सरल दामोदर के पानी की तरह। जेनी पानी में पैर डुबाये छप-छप करती, कभी अंजुरी में पानी ले ऊपर उछाल देती। रामा दूर बैठा वापसी की प्रतीक्षा करता, तो कभी जेनी के इस पागलपन को देख मुस्कुरा देता। दामोदर और जेनी की मित्रता गहरी होती गयी। इस मित्रता पर तो मिस्टर हेनरी को भी एतराज न था और फिर रामा तो बॉडीगार्ड की तरह हमेशा जेनी के साथ ही रहता, चाहे सनराइज हो, सनसेट हो या दामोदर का किनारा।

अब रामा मुंडा अपने गाँव कम ही जा पाता, इतनी जिम्मेदारियों के होते वह कैसे जाता, हाँ गाँव से बस्ती में आते-जाते लोगों से घरवालों का हालचाल लेना न भूलता। और उन्हीं के हाथों कभी-कभी बच्चे ओर पत्नी के लिए कपड़े, फल आदि भेज देता। सब कुछ ठीक चल रहा था, जेनी की उदासी भी जैसे दामोदर में बह गयी थी। एक दिन मिस्टर हेनरी पत्नी को इलाज के लिए शहर लेकर गये। इलाज के बाद जरूरी सामानों की खरीदारी और अन्य काम निपटाते देर हो गयी। जेनी भी चिन्तित थी, वह और मैरी बंगले में थे, रामा अपने गाँव गया हुआ था। आज जेनी का मन जाने क्यों बहुत उदास था, वह मन हल्का करने के लिए पियानों पर कोई धुन बजाने लगी। उसी समय कॉलबेल झनझना उठा, जेनी दौड़ कर दरवाजे के पास पहुँची, पीछे से किचन में खाना पका रही मैरी भी पहुँची, उसे भी मिस्टर और मिसेस हेनरी के लौट आने की प्रतीक्षा थी ताकि वह उन्हें खाना खिला कर फुरसत पाये।

दरवाजे पर सैम को देखकर जेनीफर हतप्रभ थी, वह इस तरह और इतनी रात को क्यों आया, लेकिन उसके चेहरे पर घबराहट देख कर जेनीफर उसके

कुछ कहने के पहले ही समझ गयी कि कुछ तो अनहोनी हुई है। उसी समय पीछे से सैम के पिता पीटर आ पहुँचे, अब तो जेनी की धड़कन और तेज हो गयी। उन्होंने बताया कि–"मिस्टर और मिसेस हेनरी का कार एक्सीडेंट हो गया है, हमें अभी राँची चलना होगा।" जेनी जिस हाल में थी पीटर और सैम के साथ चल पड़ी, साथ में मिसेस पीटर भी थी। रास्ते भर जेनी घबराई, बेचैन रही, मिसेस पीटर जेनी का हाथ अपने हाथ में लेकर दिलासा देती रहीं। आधी रात वे अस्पताल पहुँचे। माता-पिता को आई.सी.यू. में देख जेनी के होश उड़ गये, वह बस रोये जा रही थी, उसे कुछ समझ में नहीं आ रहा था। मिस्टर और मिसेस हेनरी दस दिनों तक हॉस्पीटल में भर्ती रहे, लेकिन उन्हें नहीं बचाया जा सका। जेनी पर तो जैसे दुखों का पहाड़ टूट पड़ा, वह रोना भूल गयी, बस पत्थर बन बैठी रही, मैरी का भी रो-रो कर बुरा हाल था।

रामा मुंडा रानी झरिया लौट आया था, और मिस्टर और मिसेस हेनरी के ठीक होकर लौट आने की प्रार्थना करता रहा पर ईश्वर ने भी जैसे उसकी प्रार्थना नहीं सुनी। जब मिस्टर और मिसेस हेनरी की डेडबॉडी रानी झरिया लाई गयी, पूरी बस्ती में शोक की लहर दौड़ गयी, सभी उनकी आत्मा की शान्ति के लिए प्रार्थनारत थे। मिस्टर और मिसेस हेनरी को एक-दूसरे के बगल में दफनाया गया। कुछ दिनों तक घर में रिश्तेदारों का तांता लगा रहा, सभी जेनी के भविष्य को लेकर चिन्तित थे। कई मुँह कई बातें लेकिन जेनी को जैसे कुछ सुनाई नहीं देता, वह कभी-कभी अचानक सुबक-सुबक कर रो पड़ती। धीरे-धीरे सभी रिश्तेदार अपने-अपने घर लौट गये, मिलने-जुलने वाले भी अब कम हो गये। बंगले में अब मैरी और जेनीफर रह गये थे और आउटहाउस में रामा मुंडा। मातमपुर्सी के इन दिनों सैम ने भी जेनी का साथ नहीं छोड़ा, वह हर दिन एक बार जेनी का हालचाल लेना न भूलता। वह जब भी राँची जाता जेनी से पूछ लेता कि उसे कोई जरूरत का सामान तो नहीं मंगवाना है। उसे जेनी की पसन्द, उसके शौक के बारे में पता था। एक दिन सैम ने जेनी को राँची से लाये गये सामान देते हुए कहा–"जेनी अगर तुम्हारा मन हो तो कल तुम मेरे साथ चलना, कहीं घूम आयेंगे, तुम्हारा जी अच्छा हो जायेगा।" जेनी ने कोई जवाब नहीं दिया बस सूनी आँखों से उसकी ओर देखती रही। अगले दिन सैम और जेनी दामोदर के किनारे थे, वे देर तक दामोदर पर बने पुल की रेलिंग के सहारे खड़े रहे, इस दरम्यान सैम ही बोल रहा था, जेनी लगभग

चुप ही रही। दामोदर का पानी मंथर गति से बह रहा था, और जेनी भी जैसे उस बहाव संग दूर तक बहती चली जा रही थी। वापसी के दौरान जेनी का मन कुछ हल्का हुआ, सैम ने उसके मन की बात ताड़ते हुए अपने साथ लाये स्नेक्स और जूस का बॉटल देते हुए जेनी की ओर देखा, थैंक्स कहते हुए जेनी के चेहरे पर हल्की मुस्कान थी, सैम ने आसमान की ओर देखा और मन ही मन कहा–"ओह! थैंक्स गॉड"

एक रात रामा ने देखा जेनीफर के कमरे की बत्ती जल रही है और खिड़की पर जेनी की परछाई शीशे से छन कर बाहर आ रही है। रामा बेचैन हो गया, वह अपनी जेनी मेमसाब का बॉडीगार्ड था, वह अपनी जेनी मेमसाब को सांत्वना के दो शब्द कहना चाहता था, लेकिन कैसे कहे, वह हिम्मत नहीं जुटा पा रहा था। आज अमावस की रात थी, शायद अंधेरे ने ही उसे हिम्मत दी, रामा खिड़की के पास आया और धीरे से पुकारा–"मेमसाब! आप अब तक नहीं सोईं?"

जेनीफर ने खिड़की का पल्ला खोलते हुए कहा–"तुम अभी तक क्यों जाग रहे हो?"

फिर जाने क्या सोच कर जेनी ने कहा–"भीतर आ जाओ, मैं दरवाजा खोलती हूँ।"

रामा मुंडा ड्राइंग रूम में खड़ा था, जेनी सोफे के पास थी, उसकी आँखें भरी हुई थीं। रामा ने कहा–"मेमसाब! जो हुआ बहुत बुरा हुआ, आप अपने देश लौट जायें, अब यहाँ अकेली कैसे रहेंगी।" रामा की बातें सुनकर जेनी की आँखों में भर आये आँसू टप-टप कर चू पड़े। रामा से रहा नहीं गया, उसने दिलासा देते हुए कहा–"मेमसाब आप रोइये मत, मैं हूँ न, जब तक आप अपने देश लौट न जायें, मैं यहीं रहूँगा, इसी आउटहाउस में।" दुखों के गहराते समुंदर में रामा एक डोंगी लिए जैसे जेनीफर को किनारे पहुँचाना चाहता था। अब जेनीफर के सब्र का बाँध टूट गया, वह दौड़कर रामा मुंडा के पास पहुँच गयी, वह भूल गयी कि रामा मुंडा उस घर का नौकर है। वह रामा से लिपट कर रो पड़ी, वह देर तक रोती रही, इतना तो वह माता-पिता को दफनाते समय भी नहीं रोई थी। रामा, जेनी को खुद से अलग नहीं कर सका, उसे जी भर कर रो लेने दिया।

अँग्रेज दां अपने शासन काल में साहब बन कर रौब से रहते लेकिन

आजादी के बाद उनका रौब जाता रहा, यह देश अब उन्हें नीरस लगने लगा। कुछ लोगों ने यहाँ शादियाँ कर लीं, घर बसा लिया तो कुछ अपने देश वापस लौटने लगे। लोगों ने जेनीफर को भी वापस लौट जाने की सलाह दी, रिश्तेदार उसे अपने साथ वापस ले जाने आये। मिसेस मैरी ने भी समझाया लेकिन जेनी लौटने को तैयार नहीं हुई। वह अपनी जन्मभूमि और माता-पिता की कब्रों को छोड़कर नहीं जाना चाहती थी। थक-हार कर मिसेस मैरी भी जेनीफर को छोड़कर अपने देश लौट गयी। जेनी अब बिल्कुल अकेली रह गयी, लेकिन रामा मुंडा ने उसका साथ नहीं छोड़ा।

कहते हैं समय बड़े से बड़े घाव को भर देता है। जेनी अब सामान्य होने लगी थी, रामा उसकी देखभाल में लगा रहता, उसकी एक पुकार पर हाजिर हो जाता। बस्ती में अब उन दोनों को लेकर बातें होने लगी थीं, बात रामा मुंडा के गाँव तक पहुँची, लवनी को काटो तो खून नहीं, वह ससुर के साथ रानी झरिया आयी, रामा को लिवा लाने, लेकिन रामा जाने को तैयार न हुआ। उसने पिता को जवाब दिया–"जिन्होंने मुझे सहारा दिया, मुझ पर भरोसा किया, मैंने जिनका नमक खाया, अब उनके न रहने पर मैं उनकी बेसहारा बेटी को भला कैसे अकेला छोड़ दूँ।" लवनी को ससुर के साथ खाली हाथ लौटना पड़ा। कुछ दिन बाद लवनी को एक उड़ती खबर मिली कि रामा ने जेनी मेमसाब से शादी कर ली, लवनी की तो जैसे दुनिया उजड़ गयी।

जेनी ने रामा से कहा कि वह लवनी को भी यहाँ ले आये, वो यहीं रह लेगी उनके साथ। जिस रामा मुंडा ने इस बुरे समय में जब उसका साथ नहीं छोड़ा तो वह इतना तो कर ही सकती थी। जेनी के कहने पर रामा अपने गाँव गया, लवनी को लेने लेकिन स्वाभिमानी लवनी ने साथ चलने से मना कर दिया, रामा को खाली हाथ लौटना पड़ा।

समय गुजरते देर नहीं लगती, रामा मुंडा और जेनी का जीवन सुखपूर्वक बीत रहा था। एक साल बाद जेनी की गोद में एक प्यारा सा बच्चा आ गया, बच्चा बिल्कुल माँ पर गया था, नीली आँखें, दूध जैसा रंग। रामा मुंडा को कई बार अपनी किस्मत पर विश्वास न होता कि भला ये कैसे हो सकता है लेकिन जो हो रहा था वह तो पूरी दुनिया के सामने था। मैं सोनामनी रामा मुंडा की दूर की चचेरी बहन थी, जो अब जेनी मेमसाब की सखी बन गयी थी। नन्हा डेनियल मेरी देखरेख में पलने लगा। कभी-कभी रामा मुंडा अपने गाँव जाता,

बूढ़े माता-पिता और अपने बच्चे को देखने के बहाने लवनी को भी एक नजर देख आता। उसके मन में अपराधबोध भी आता, तब वह बहन के सामने रो कर मन हल्का कर लेता। मैं उसे समझाती, ढाढ़स बंधाती अपने बहन होने का कर्तव्य निभाती।

कहते हैं जीवन के दिन सदा एक से नहीं होते, रामा मुंडा और जेनी के जीवन में भी उतार-चढ़ाव आने लगे। जेनी की जमा पूँजी धीरे-धीरे खत्म होने लगी, फिर बंगले का कुछ हिस्सा बिका, कुछ वर्षों बाद पूरा बंगला नीलाम हो गया। रामा मुंडा ने हिम्मत नहीं हारी, उसे अपनी मेहनत और हाथों पर भरोसा था, इतना कि उसने जंगल किनारे तीन कोठरी का कच्चा मकान खड़ा कर लिया। जेनी इस छोटे से घर में भी खुश रहती, रामा को आश्चर्य होता कि सारी सुख-सुविधाओं के बीच पली जेनी कैसे हर हाल में बसर करने को तैयार हो जाती है। रामा और जेनी के बसेरे में एक साल बाद एक नन्ही परी ने कदम रखा। रामा और जेनी बेटी के आने से बेहद खुश थे, उन्होंने बेटी का नाम रखा– सोफिया। रामा यह देख कर मन-ही-मन खुश होता कि बेटी ने उसका रूप पाया है, रंग भी थोड़ा दबा हुआ पाया। जेनीफर ने रामा से कहा था कि बेटी का नाम वही रखे लेकिन रामा ने इस बार भी अपनी जेनी मेमसाब को ही नाम रखने का अधिकार दिया।

दो बच्चों की परवरिश आसान न थी, आय का कोई स्थायी स्रोत न था, हाँ आम का बगीचा अब भी जेनीफर के अधिकार में था। रामा गर्मियों में पके आम बाजार में बेंच आता, शेष समय घर के पास की जमीन पर सब्जियों की खेती कर लेता। अपनी छोटी-सी गृहस्थी को रामा ऐसे ही चलाता।

डेनियल अब बड़ा होने लगा, स्कूल जाने लगा, रामा उसे स्कूल तक छोड़ता, स्कूल दूर होने के कारण रामा उसे कन्धे पर बैठा कर ले जाता। स्कूल में डेनियल के सहपाठी उसे गोरा-गोरा कह कर चिढ़ाते। एक दिन स्कूल से वापस आते हुए उसने पिता से पूछा–"बाबा! स्कूल में सब मुझे गोरा-गोरा क्यों कहते हैं?"

रामा ने समझाया–"अरे! तुम गोरे हो न, तुम्हारे जितना स्कूल में कोई गोरा है क्या?"

डेनियल–"हाँ, कोई नहीं।"

रामा–"हाँ, इसीलिए तो सब तुम्हें गोरा कहते हैं।"

रामा को पता था, डेनियल का गोरा रंग आगे चल कर उसके लिए मुसीबत खड़ी करेगा।

डेनियल जैसे-जैसे बड़ा हो रहा था, घर का वातावरण बदलने लगा था। जेनी, डेनियल के सवालों का जवाब न दे पाती, डेनियल खीझता और पिता से दूर-दूर रहने की कोशिश करता, जेनी समझाती पर डेनियल पर कोई असर न पड़ता। रामा चाहता कि बचपन में बाबा कह कर पुकारने वाला डेनियल उसे अब भी बाबा पुकारे, अपने लिए बाबा शब्द सुनने के लिए उसके कान तरस जाते। डेनियल रामा से खिंचा-खिंचा रहता, कभी-कभी ऊँची आवाज में जवाब दे देता, यह सब देख जेनी का कलेजा कट कर रह जाता, वह रात-रात भर सो न पाती, वह जवान होते बेटे को ज्यादा कुछ न कह पाती। सोफिया भाई के उलट थी वह रामा को बाबा-बाबा कहते न थकती, डेनियल को यह बिल्कुल अच्छा नहीं लगता। जेनी ऐसे दोराहे पर खड़ी थी जहाँ एक ओर बेटा था तो दूसरी ओर पति रामा। एक दिन जेनी ने रात का खाना खाने के बाद रामा से कहा–“रामा! मैं चाहती हूँ कि तुम हम लोगों से अलग रहो।”

रामा ने आँख उठाकर जेनी की ओर देखा, लेकिन कोई जवाब नहीं दिया। आज की रात भी रामा और जेनी के लिए अमावस की रात थी, अंधेरी बहुत अंधेरी।

अगले दिन सुबह रामा बस स्टैंड की ओर चला गया, जेनी को लगा रामा आम के बगीचे की देखभाल के लिए गया होगा, जब शाम तक रामा घर नहीं पहुँचा तो जेनी बेचैन हो गयी, माँ की बेचैनी का कारण न डेनियल को पता था न सोफिया को। जेनी बिना कुछ खाये सोने चली गयी, पर वह सो न सकी, एक झपकी सी आती लेकिन फिर आँख खुल जाती, एक बार तो उसे लगा जैसे रामा खिड़की के पास खड़ा है और पूछ रहा है–“मेमसाब आप अभी तक नहीं सोईं?” जेनी ने खिड़की खोली पर आसपास कोई न था सिवाय घने अंधेरे के। एक दिन बाद रामा घर लौट आया था। सोफिया ने आते ही पूछा–“बाबा! आप कहाँ चले गये थे?”

रामा–“अचानक एक काम याद आ गया था सो मैं कल गाँव चला गया था।” सोफिया पिता के चेहरे का झूठ साफ-साफ पढ़ पा रही थी, घर में आये दिन डेनियल और बाबा के बीच की तनातनी सोफिया भी देखती और समझती पर भाई को कुछ कहना मतलब मुसीबत मोल लेना, इसलिए सोफिया चुप ही

रहती। जेनी चुप ही रही, कहती भी क्या। कुछ दिनों तक साथ रहने के बाद एक दिन रामा ने जेनी से कहा–"मेमसाब! मेरे रहने का इंतजाम हो गया है, मैं आज ही चला जाऊँगा। बस स्टैंड के पास एक दुकान में काम मिल गया है रहने के लिए एक कोठरी भी मिल गयी है। मैं कभी-कभी आप लोगों से मिलने आता रहूँगा।"

जेनी, रामा को सामान बाँधते चुपचाप देखती रही, सामान भी क्या, बस चार जोड़ी कपड़े, एक चटाई, एक चादर और फ्रेम में जड़ी अपनी जेनी मेमसाब की तस्वीर। जेनी उसे दरवाजे तक छोड़ने आयी लेकिन दूर तक रामा के साथ चलती चली गयी, फिर बड़े बरगद के पास रुक कर, ठीक है कह कर उसे जाते हुए दूर तक देखती रही।

रामा अक्सर घर आता, लेकिन कोशिश करता कि ऐसे समय में वह घर आये जब डेनियल घर पर न हो। एक दिन रामा मिठाइयाँ और फल लेकर आया, उस दिन डेनियल घर पर ही था, रामा को देखते ही वह दूसरी कोठरी में चला गया। सोफिया ने लपक कर रामा के हाथों से मिठाई के पैकेट और फल ले लिये, रामा ने बेटी के सिर पर हाथ रखते हुए धीरे से मुस्कुरा दिया। पास ही खड़ी जेनी से रामा ने पूछा–"मेमसाब! आप लोग ठीक हैं न?"

जेनी हल्की मुस्कान के साथ–"हाँ, और तुम ठीक हो न?" कहते हुए जेनी का गला भर आया था। सोफिया पैकेट से मिठाई निकाल कर खाने लगी लेकिन डेनियल ने पिता की लाई हुई मिठाई को छुआ तक नहीं।

रामा जब जेनी के साथ रहने लगा था तब लोगों ने तरह-तरह की बातें कही थीं, अब जबकि रामा अलग रहने लगा तब भी लोग तरह-तरह की बातें करने लगे थे। कोई कहता जेनी कितनी स्वार्थी है अब बच्चे बड़े हो गये तो रामा को छोड़ दिया, कोई कहता, ऐसी शादियाँ भला कब सफल होती हैं तो कोई कहता जेनीफर कितनी बेवकूफ है उसने एक गँवार आदिवासी के लिए अपना जीवन बर्बाद कर लिया लेकिन असलियत तो रामा और जेनी को ही पता थी। जेनी अपने रामा को अपने ही बेटे द्वारा रोज-रोज अपमानित होते कैसे देखती, क्या यह बात रामा को पता न थी? अगर पता न होती तो वह रानी झरिया में रहता ही क्यों, लोगों की उल्टी सीधी बातें सुनता ही क्यों।

रामा जो पैसे कमाता कुछ अपने पास रखता कुछ अपनी मेमसाब को दे आता, जेनी पैसे लेने से कभी इनकार न करती। जेनी के जीवन में न जाने और

कितने उतार-चढ़ाव आने शेष थे, एक दिन आम तोड़ते हुए रामा का पैर फिसल गया, वह पेड़ से जमीन पर गिर पड़ा, जेनी को जब पता चला वह दौड़ी-दौड़ी पहुँची, तब तक लोगों ने रामा को स्थानीय प्राथमिक स्वास्थ्य केन्द्र में पहुँचा दिया था। जेनी जब वहाँ पहुँची, रामा दर्द से कराह रहा था। प्राथमिक उपचार के बाद डॉक्टर ने उसे राँची ले जाने की सलाह दी, जेनी आनन-फानन में गाँव के कुछ लोगों की मदद से रामा को राँची ले गयी। रामा के पैर में प्लास्टर चढ़ा दिया गया, जब रामा को वापस रानी झरिया लाया गया तो उसे फिर अपने घर वापस जाना पड़ा, इस हाल में उसकी देखभल भला कौन करता। एक रोज रामा को खाना खिलाते हुए जेनी ने कहा–"तुम्हें इस उम्र में पेड़ पर चढ़ने की क्या जरूरत थी।"

रामा ने धीरे से मुस्कुराते हुए कहा–"आपको सिंदूरिया आम बहुत पसन्द है न मेमसाब, मैंने सोचा आम पकने लगे हैं तो कुछ आम आपको दे आऊँ।" जेनी ने माथा पीट लिया लेकिन मन-ही-मन वह रामा के लिए द्रवित हो गयी और देर तक रामा का हाथ पकड़े बैठी रही।

रामा का बड़ा बेटा कभी-कभी पिता से मिलने आता, पर लवनी कभी नहीं आयी। जब रामा के पेड़ से गिरने की खबर रामा के गाँव पहुँची तो लवनी, बेटा सुदेस और ससुर के साथ दौड़ी-दौड़ी रानी झरिया पहुँची। वे देर तक घर के बाहर ही खड़े रहे, जब जेनी की नजर पड़ी वह उन्हें भीतर ले गयी। जेनी चाहती थी कि रामा वहीं रहे लेकिन सुदेस और उसके दादा ने रामा को घर ले जाने की जिद की, जेनी उन्हें मना न कर सकी। उसे डेनियल की ओर से भी चिन्ता थी कि वह यहाँ रामा की ठीक-ठीक देखभाल कैसे कर पायेगी।

तीन महीने तक रामा बिस्तर पर ही पड़ा रहा, इस बीच जेनी बेटी के साथ दो-तीन बार रामा को देखने गाँव गयी। प्लास्टर खुलने के बाद भी रामा ठीक से नहीं चल फिर पा रहा था, जड़ी-बूटियों के इलाज से कुछ दिनों तक तबीयत ठीक रहती लेकिन कुछ दिनों बाद दर्द फिर बढ़ जाता। रामा पैर के दर्द के साथ मानसिक पीड़ा से भी गुजर रहा था, गाँव में उसका मन न लगता, पर वह क्या करे, रानी झरिया में भी कहाँ रहे, अब तो वह काम भी नहीं कर सकेगा, किसकी कमाई पर जियेगा। डेनियल एक मोटर गैरेज में काम करने लगा था, जिससे किसी तरह गुजारा हो रहा था। भीतर ही भीतर जैसे रामा का कलेजा घुल रहा था, लवनी की लाख देखभाल के बावजूद उसकी तबीयत नहीं सुधरी,

रामा गाँव में एक साल भी तो न जी सका, वहीं उसने अपनी अन्तिम साँस ली। गाँव में ही उसका अन्तिम संस्कार किया गया, जेनी, सोफिया और डेनियल भी वहाँ उपस्थित थे। जेनी ने देखा डेनियल की आँखें भी भीग रही हैं, काश कि रामा के जीते जी यह हुआ होता।

रामा के जाने के बाद जेनी का जीवन भी बदल गया, अब वह प्रत्येक रविवार उसी पुराने चर्च में जाती जहाँ बचपन में माता-पिता उसे लेकर जाते थे। जेनी देर तक घुटनों के बल, सिर झुका कर प्रार्थना करती, कभी-कभी सोफिया भी माँ के साथ चर्च जाती। रामा के जीवित रहते कभी-कभी ही जेनी चर्च जाती लेकिन रामा साथ न जाता, पर इस बात को लेकर दोनों के बीच कभी कोई तकरार नहीं हुई। प्रेमियों के लिए रामा और जेनी का प्रेम अब एक आदर्श बन गया था। जब-तब शोधार्थी छात्र या तो प्रेमी जोड़े रानी झरिया का सौन्दर्य देखने आते तो जेनी मेमसाब से मिलना न भूलते। प्रेमिकाएँ जेनी के चेहरे पर खुद को देखतीं तो प्रेमियों की आँखें आसपास के जंगल के बीच रामा मुंडा को तलाशतीं। उनकी कल्पना में जेनी मेमसाब स्कर्ट, हैट पहने, छतरी ओढ़े, घोड़े की सवारी करती अँग्रेज युवती के रूप में होती लेकिन जब वे कल्पना के उलट जेनी मेमसाब को साधारण साड़ी ब्लाउज, गुंथी चोटी, हिन्दी में बोलते देखते तो एक बार तो उन्हें विश्वास ही नहीं होता कि यही जेनी मेमसाब है।

प्रेम में इतनी ताकत होती है कि वह लोगों को क्या से क्या बना देता है। जेनी ने खुद को रामा के रंग में इस तरह ढाल लिया था कि लोग एक नजर में तो पहचान ही नहीं पाते कि वह अँग्रेज दम्पति की बेटी है, वह फर्राटेदार अँग्रेजी के साथ हिन्दी और मैथिली भी बोलती, आँखों में अब भी वह प्रेम बहता जिसकी धार में उससे मिलने आने वाले प्रेमी डूब-डूब जाते। रामा ने अपनी मेमसाब को पूरी दुनिया के सामने जेनी मेमसाब के रूप में पहचान दिला कर अपने प्रेम का उपहार दिया था, जो उसके न रहने पर भी लोगों को सुखद अनुभूति का एहसास कराता। जेनी भी अब जैसे नदी बन गयी, डेनियल और सोफिया उसके दो किनारे हैं, वह उनके बीच बहती जा रही है शान्त, स्निग्ध। उसके प्रवाह के बीच कभी बड़े-बड़े पत्थर आ जाते हैं, कभी कोई उसकी धार मोड़ना चाहता है, कभी कोई वहाँ कूड़ा कर्कट डाल देता है लेकिन वह किसी बात की परवाह नहीं करती। वह तो बस बहना जानती है सागर की ओर और मैं सोनामनी प्रफुल्लित हो इस नदी को प्रवाहित होते बस देख रही हूँ।

अजगर

अम्मा की डायलिसिस कराते हुए, वहाँ बज रहे मधुर संगीत की धुन भी मुझे बेचैन कर रही थी। वैसे वहाँ गीतों की धुन बुरी नहीं लगती, किडनी के मरीजों को उन पाँच घंटों की पीड़ा और ऊब से निजात दिलाने और उनके भीतर सकारात्मक ऊर्जा उत्पन्न करने के उद्देश्य से ही शायद वहाँ गीतों की धुन बजायी जाती थी। मेरे एक मित्र ने मुझसे एक दिन कहा था किडनी की बीमारी एक अजगर की तरह है, उसे जितना भी खिलाओ लेकिन एक दिन वह खिलाने वाले को ही लील जाता है।

पाँच महीने हो गये अम्मा को डायलिसिस कराते हुए। इन पाँच महीनों में बहुत से लोगों से मुलाकात हुई, उनमें किडनी के मरीज भी थे और उनके परिजन भी। डायलिसिस के दौरान मरीज पीड़ा में होते हैं तो उनके परिजन भी मर्मांतक पीड़ा से गुजर रहे होते हैं। नये मरीजों के परिजनों की आँखें डबडबाई रहती हैं तो पुराने मरीजों के परिजनों के चेहरों पर फीकी, बनावटी मुस्कान होती है जो किसी नये मरीज के परिजन से बातें करते हुए उघड़ जाती है, जैसे सूखता घाव फिर ताजा हो भीतर तक टीस भर देता है।

डायलिसिस कक्ष से बाहर प्रतीक्षा करते हुए महेन्द्र गुप्ता की 55 वर्षीय पत्नी बैठे-बैठे ऊँघ रही थी तभी डायलिसिस कक्ष से निकल कर नर्स ने उन्हें बुलाया। आवाज सुनकर वो गिरती-पड़ती डायलिसिस कक्ष की ओर दौड़ीं। गुप्ता जी का शुगर अचानक लो हो गया था, अब उनका शुगर लेबल ठीक करने के लिए उन्हें मीठा (छेने का रसगुल्ला) खिलाना होगा। मिसेस गुप्ता के पीछे मैं भी रसगुल्ले के दो पीस कटोरी में लेकर डायलिसिस कक्ष में पहुँच गयी। कुछ देर पहले बातचीत के दौरान उन्होंने बताया था कि आज वो मीठा नहीं ला सकीं। बेटे को भी जल्दी ऑफिस जाना था, उसने माँ को पैसे देते हुए कहा था–माँ अस्पताल के रास्ते 'जायसवाल मिष्ठान' से रसगुल्ले खरीद लेना, लेकिन अस्पताल जल्दी पहुँचने के चक्कर में वे रसगुल्ले नहीं खरीद पाईं।

मेरे हाथों से कटोरी लेते हुए मिसेस गुप्ता की आँखों में, मेरे लिए अपार स्नेह उमड़ पड़ा और मेरे हृदय में उतना ही सन्तोष, और मैंने उनके उमड़ते स्नेह को अपनी अम्मा के लिए दुआओं में परिणित कर लिया। कुछ देर मैं भी वहीं चुपचाप खड़ी रही, शून्य में ताकते हुए बगल की खिड़की पर बन्द शीशे के बाहर कबूतर का एक जोड़ा जो अक्सर दिख जाता, आज भी दिख रहा था। एक शान्त था तो दूसरा, साथी के गर्दन में सिर हिला-हिला कर चोंच रगड़ रहा था जैसे कुछ कहना चाहता हो। थोड़ी देर में गुप्ता जी की तबीयत थोड़ी संभली और उन्होंने मुझे देखकर धीमें से मुस्कुरा दिया और मुझसे कुछ कहना चाहा लेकिन मैंने मुस्कुराते हुए, हाथों के इशारे से उन्हें मना कर दिया। दो बेड के बाद अम्मा का बेड लगा हुआ था, मैं भारी कदमों से चलते हुए उनके पास पहुँची, अम्मा आँखें मूँदे गहरी साँसें ले रही थी; सोते हुए भी उनके चेहरे पर तकलीफ साफ दिखाई दे रही थी। मेरी आँखें डबडबा गयीं और मैं उल्टे पाँव कक्ष से बाहर निकल गयी।

महेन्द्र गुप्ता जी बड़े धैर्यवान व्यक्ति थे, मिडिल स्कूल में हेडमास्टर थे और सेवानिवृत्त होने में और दो साल शेष थे। वे शुगर पेशेंट थे, एक सड़क दुर्घटना में घायल हो गये थे और घाव ठीक न हो पाने के कारण एक हाथ, कोहनी के ऊपर से काट देना पड़ा था और दूसरे हाथ की दो उँगलियाँ भी काटनी पड़ी थीं।

किडनी मरीज के परिजन डायलिसिस सेंटर खुलने के पहले ही वहाँ हाजिर हो जाते, सबको लगता कि उनका नम्बर पहले आये। वैसे ये पहले से ही तय होता और नम्बर लग जाते कि किस मरीज को कौन सा बेड मिलेगा, किसे सुबह की पाली में जगह मिलेगी और किसे दोपहर की पाली में। लेकिन कभी-कभी नये मरीजों के आ जाने से व्यवस्था बिगड़ भी जाती। आज सुबह भी यही हुआ। बाहर से एक नया मरीज आया, मुश्किल से पैंतीस की उम्र का होगा; गले में डायलिसिस के लिए फिस्टुला बना हुआ था जिसे उसने गमछे से ढक लिया था, साथ में उसकी पत्नी भी थी उसकी गोद में लगभग छ: माह का बच्चा था जो सारी बातों से अनजान मुस्कुरा रहा था। अतिरिक्त मरीज के आ जाने से डायलिसिस यूनिट के व्यवस्थापक और नर्स परेशान हो गये। गोद में बच्चे को लिये वह महिला अपने पति के लिए डायलिसिस बेड चाह रही थी तो दूसरी ओर मिसेस गुप्ता चीख रही थीं– मेरे पति को पहले जगह दीजिए, मैं हर दो दिन बाद इन्हें लेकर यहाँ आती हूँ ये पुराने मरीज हैं, नये मरीज अपनी बारी

की प्रतीक्षा करें। गुप्ता जी ने संयत स्वर में पत्नी को समझाते हुए कहा–देखो इन्हें भी तो तकलीफ है, उन्होंने महिला के गोद में छोटे बच्चे की ओर देखते हुए कहा। मैं रुक जाता हूँ चलो हम घर चलते हैं, दोपहर की शिफ्ट में आ जायेंगे। उन्होंने शायद परिस्थितियों से समझौता कर लिया था,जैसे वो सारी बातों को स्वीकारने को तैयार थे। अन्त में नये मरीज ने अपनी पत्नी को समझाते हुए कहा–देखो डॉक्टर ने हमें एक दिन का समय तो दिया ही था, हम कल आ जायेंगे....। उसकी पत्नी न चाहते हुए भी पति के चेहरे को देखते हुए वापस जाने को तैयार हो गयी।

मरीजों के आठ-दस परिजन बरामदे में बैठ हुए थे कि अचानक बारिश शुरू हो गयी। जून का महीना था, इस समय बरसने वाली बूँदें क्या जमीन, क्या आदमी, क्या जानवर सभी को तपती गर्मी से राहत देकर प्रफुल्लित कर देती हैं। तेज बारिश की बौछारें ग्रिल से टकराकर हमारे चेहरे पर पड़ रही थीं फिर भी सबके चेहरे मुरझाये हुए थे। ग्रिल के किनारे छत पर सीपेज के कारण पानी की एक पतली धार दीवार के कोने से धीरे-धीरे नीचे सरक रही थी। मैंने अनुभव किया कि मेरी आँखों से भी दो धाराएँ समानान्तर बह निकलने को आतुर हो रही हैं। मैं खुद को सहज करने के लिए उठ कर ग्रिल के बिल्कुल पास चली गयी और बाँयें कन्धे को दीवार पर टिकाकर खड़ी हो गयी, दीवार और मेरी आँखों से पानी की धार मिलकर एकाकार हो गये।

हम जहाँ बैठे हुए थे उसी गैलरी से गम्भीर मरीजों को आईसीयू तक ले जाने का रास्ता था। उन पाँच घंटों के दौरान बहुत से गम्भीर मरीज आईसीयू तक ले जाये जाते और कभी कोई एक-दो मरीज शव में तब्दील हो गैलरी से बाहर ले जाये जाते। पिछले चार महीनों से ऐसे दृश्य देखते-देखते गैलरी में बैठे सभी परिजन दार्शनिक से हो चले थे। एक अट्ठाईस वर्षीय किडनी की मरीज अपनी बेटी को सीने से लगाये बैठी थी, लग रहा था उसकी बच्ची भूखी थी। उस नन्ही जान को शायद यह पता चल गया था कि उसकी माँ कुछ देर में उसे छोड़कर डायलिसिस कक्ष में चली जायेगी। बच्ची को दूध पिलाती हुई उस मरीज के चेहरे पर आते-जाते भावों को मैं पढ़ना चाह रही थी लेकिन उसके चेहरे की ओर देखने की हिम्मत मैं नहीं जुटा पा रही थी, मैंने अपने दाहिने पैर के अँगूठे में कुछ हरकत महसूस की, झुक कर देखा तो कुछ चींटियाँ एक जिन्दा कीड़े को घसीट कर लिये जा रही है। कीड़ा दर्द से छटपटा कर चींटियों

से छूटने की कोशिश में कभी लम्बा हो जाता तो कभी सिकुड़ जाता, मैंने झट से अपना पैर हटा लिया मेरे पूरे शरीर में सिहरन सी दौड़ गयी।

जितने मरीज उतनी कहानियाँ, अलग-अलग और अत्यन्त करुण। सभी परिजन एक दूसरे से बतियाते, अपनी व्यथा कहते, रोज वो न बीतने वाले पाँच घंटे ऐसे ही बिताते। मरीज के साथ उनके परिजन भी कई बार बहकी-बहकी बातें करने लगते। एक रोज छः माह की बच्ची को गोद में लिए वह कहने लगी– मुझे लगता है मेरे पति एक दिन बिल्कुल ठीक हो जायेंगे। लखनऊ में एक डॉक्टर ने बताया था कि कभी-कभी किडनी स्थायी रूप से खराब हो जाती है ऐसे मरीजों को जीवन भर डायलिसिस पर रहना पड़ता है और किसी मरीज की किडनी अस्थायी रूप से खराब होती है ऐसे मरीज कुछ डायलिसिस के बाद ठीक भी हो जाते हैं। उसकी बातें सुनकर सभी परिजनों के चेहरे पर एक क्षण के लिए चमक आ गयी, शायद सभी परिजन अपने प्रियजन को जो उस समय डायलिसिस कक्ष में थे, उनके स्वस्थ हो जाने की जादुई कल्पना कर बैठे थे। अचानक किसी के जोर से चिल्लाकर बोलने से सबका ध्यान भंग हुआ। अरे ये तो शिवेन्द्र था, वही किडनी का मरीज जो दस सालों से डायलिसिस पर है। मिसेस गुप्ता ने धीरे से मुझे ये बात बताई। मैं आज पहली बार शिवेन्द्र के इस रूप से परिचित हुई। उसे देखकर कहीं से नहीं लग रहा था कि वह किडनी का मरीज है। सामान्यतः किडनी के मरीज शारीरिक रूप से कमजोर हो जाते हैं, आँखें पीली पड़ जाती हैं, वे चिड़चिड़े हो जाते हैं। शिवेन्द्र कमजोर तो बिल्कुल नहीं लग रहा था, न आँखें पीली थीं, हाँ चिड़चिड़ा जरूर था हद से ज्यादा। अपने बूढ़े पिता पर अपना सारा गुस्सा उतार रहा था। डायलिसिस यूनिट के सभी परिचारिकाएँ उससे भलीभाँति परिचित थीं। एक नर्स कक्ष से बाहर निकली और उसे झिड़कते हुए कहा–शिवेन्द्र ये क्या कर रहे हो, तुम्हारे पिता 80 कि.मी. दूर से तुम्हें 10 वर्षों से डायलिसिस के लिए ले कर आ रहे हैं, तुम्हारा उन पर इस तरह चिल्लाना क्या ठीक है? नर्स की बातें सुन कर शिवेन्द्र नर्म पड़ गया था, जैसे उफनते दूध में पानी के छींटे देकर उसे एकदम से किसी ने धीमा कर दिया हो।

दिसम्बर का महीना था, शिवेन्द्र ने कोट पहन रखा था, डायलिसिस कक्ष में जाने के पहले उसने कोट उतारी और पिता को देकर डायलिसिस कक्ष में जाने लगा। मैंने देखा उसके बायें हाथ पर नसों का उभार कुछ ज्यादा ही था, मैं शिवेन्द्र के बारे में और कुछ जानने की उत्सुकता को रोक न पाई और अम्मा

को देखने के बहाने भीतर चली गयी। शिवेन्द्र का बेड किनारे सबसे अलग लगा हुआ था। उस बेड पर सिर्फ उसी का डायलिसिस होता था क्योंकि वह हेपेटाइटिस बी का भी मरीज था, पूछने पर मुझे नर्स ने बताया। शिवेन्द्र ने फिस्टुला लगाने के लिए जब चादर से अपना बायाँ हाथ निकाला, मेरे मुँह से चीख निकलते-निकलते रह गयी। उसके हाथ की एक नस टेढ़ी-मेढ़ी हो कर सर्पाकार हो कलाई से होते हुए बाँहों तक पहुँच गयी थी ऐसा लग रहा था जैसे चमड़ी के भीतर अँगूठे की मोटाई के बराबर कोई साँप रेंग रहा हो। मैंने जल्दी से अपनी आँखें फेर लीं और अपनी साँसों को संयत करने की कोशिश करने लगी। सीधे लेटे-लेटे अम्मा की पीठ में दर्द होने लगा था, मैं उनकी पीठ में कुछ देर तक मालिश करती रही फिर उनकी हथेली में एक्सरसाइज का बॉल पकड़ा कर कक्ष से बाहर निकल गयी।

कई दिनों से मिसेस गुप्ता से मुलाकात नहीं हो पाई थी, मुझे लगा शायद वो दोपहर दूसरी पाली में डायलिसिस के लिए आते होंगे। मैंने यूँ ही नर्स से पूछा तो पता चला कि अब महेन्द्र गुप्ता डायलिसिस के लिए कभी नहीं आयेंगे....। सुनकर मैं एक क्षण के लिए जड़ सी हो गयी और अनजाने भय से काँप गयी, और मैंने कस कर अम्मा का हाथ पकड़ लिया, लेकिन जाने क्यों मेरी पकड़ ढीली पड़ती गयी। हम बरामदे पर लगी कुर्सियों पर बैठे हुए थे, पाँच घंटे का समय बिताना थोड़ा आसान हो जाये यह सोच कर मैं अपने साथ कुछ पत्रिकाएँ ले आयी थीं, उन्हें पढ़ते हुए मेरी आँखें बोझिल हो रही थीं क्योंकि घर पर भी रात को अम्मा के लिए जागना होता और नींद पूरी नहीं हो पाती। अचानक लिफ्ट से एक के बाद एक छ: गम्भीर रूप से घायल व्यक्तियों को आईसीयू में ले जाया जाने लगा। वहाँ बैठे किडनी मरीज के सभी परिजन हड़बड़ा कर उठ खड़े हुए। किनारे बैठे दो परिजन वार्ड ब्वॉय को स्ट्रेचर खींचने और ढकेलने में मदद करने लगे। मैं हाथ में पत्रिका लिए दीवार से टिक कर जड़वत खड़ी थी। मैं सोच रही थी क्या किडनी की बीमारी सचमुच अजगर की तरह है जो आखिर में आदमी को निगल जाती है। लेकिन अभी-अभी एक सड़क दुर्घटना में मारे गए दस लोगों को कौन सा अजगर निगल गया अचानक। शिवेन्द्र ने तो उस अजगर को दस सालों से अपने बाजू में कैद कर रखा है लेकिन यह दूसरा कौन सा अजगर है जो कई लोगों को निगल जाने के लिए उनकी ओर सरकता चला आ रहा है।

अम्मा की साड़ी

अम्मा, आज मैंने तुम्हारी अलमारी खोली है और तह की गयी साड़ियों को उलट-पलट कर देख रही हूँ, कोसे की एक साड़ी हाथ में लिये तुम्हारे पलंग पर रखे मोबाइल पर बजते गीत–"चाँद जैसे मुखड़े पे बिंदिया सितारा.... ।" सुनते हुए मेरी आँखें भर आयी हैं। मैंने ही यू-ट्यूब से यह गीत ढूँढ़ कर निकाला था और जानबूझकर तुम्हारे कमरे में चली आयी हूँ, मैं चाहती हूँ यह गीत तुम्हारे कमरे में गूँजे।

मैं बहुत छोटी थी शायद कक्षा चौंथी में जब बाबूजी ने डॉ. करीम अंकल से इंदौर से एक मर्फी का रेडियो और एच. एम. टी. की घड़ी मँगवायी थी, घर में रेडियो आने से हम तीनों बहुत खुश थे क्योंकि हम तीनों को गुनगुनाने का शौक था। रेडियो में जब गीत बजते, खासकर यसुदास के, वह भी एक खास गीत–"चाँद जैसे मुखड़े पे बिंदिया सितारा...तो बाबूजी साथ-साथ गुनगुनाने लगते और कनखियों से तुम्हें देखते, मैं उस समय यही समझती कि बाबूजी तुम्हें चिढ़ा रहे हैं जैसे कि मेरी सहेली मुन्नी मुझे चिढ़ाया करती थी, जब बाबूजी गाते तो मैं भी उनके साथ गाने लगती और तुम बस मुस्कुरा देतीं।

अम्मा-बाबूजी की इकलौती बेटी थी मैं, लेकिन वे मुझे बेटा ही कहते। मुझे याद है जब मैं कक्षा पाँचवीं में थी, बाबूजी ने मेरे लिए दो जोड़ी पैंट-शर्ट सिलवाया था, जब मैं उसे पहन कर स्कूल गयी, मेरे सहपाठी लड़कों ने खूब चिढ़ाया था तो गुरुजी ने तारीफ करते हुए कहा था– "वाह तुम्हारे अम्मा-बाबूजी ने तो तुम्हें लड़का ही बना दिया।" गुरुजी, बाबूजी के अच्छे मित्र थे, वे अक्सर हमारे घर आते और बाबूजी से देर तक गप्पे लड़ाते।

उस दिन मैं बहुत खुश थी, गाँव से खबर आयी थी कि चाची के बेटा हुआ है। मैं दौड़ कर मुन्नी को खबर सुना आयी कि– "मुझे भी भाई मिल गया है।" खेल-खेल में जब लड़ाई हो जाती तो मुन्नी और उसके दोनों भाई एक तरफ हो जाते, उनका पलड़ा भारी पड़ता और मैं हार जाती। मुन्नी ने यह कह कर मेरी

खुशियों पर पानी फेर दिया था कि– "तुम्हारा भाई तो वहीं गाँव में रहेगा न!"

खबर पाकर बाबूजी ने अम्मा से कहा–"चलो गाँव हो आयें, सबको अच्छा लगेगा।" शाम को अम्मा अनमने भाव से, बैग में कपड़े और यात्रा के दौरान काम आने वाले सामान रखने लगी। अगले ही दिन बाबूजी ने ऑफिस से दो दिन की छुट्टी ली और हम अपने पैतृक गाँव जाने के लिए बस में सवार हो गये,सड़क किनारे आम और जामुन के पेड़ कतारबद्ध हो जैसे यात्रियों की आँखों और मानसिक थकान का परिहार कर रहे थे। पेड़ों पर बैठे पक्षियों के कलरव गाड़ी की गति धीमी होने पर कानों में संगीत भर रहे थे, मैंने अम्मा की बाँह पकड़ कर हिलाया लेकिन वे बस लगातार खेतों में खड़ी अधपकी धान की फसल को देखती रहीं। अम्बिकापुर में बस बदलने के बाद हमें और तीन घंटे की यात्रा करनी थी। मैंने बाबूजी से कह कर एक पैकेट लेमनचूस खरीदवा लिया– बाबूजी ने मुस्कुराते हुए कहा– "अभी भाई बहुत छोटा है लेमनचूस थोड़े ही खा पायेगा।" लेकिन मैं बहुत खुश थी, मैंने तो जैसे भाई के लिए दुनिया की सबसे कीमती चीज उपहार के रूप में खरीद ली थी।

साढ़े तीन घंटे बाद आखिर हम गाँव पहुँच गये। अम्मा-बाबूजी थक गये थे, अम्मा के चेहरे पर थकान ज्यादा ही नजर आ रही थी। दादी की खुशी का ठिकाना न था, उन्होंने परम्परानुसार कांसे की थाली में हमारे पाँव पखारे। मेरे और बाबूजी के पाँव पखारने के बाद वे अम्मा की ओर बढ़ीं लेकिन अम्मा ने दादी को पैर धोने से मना कर दिया।

मेरी खुशी देखकर चाची ने मुन्ने को मेरी गोद में रख दिया। मैंने अपनी नन्ही हथेलियों में मुन्ने का चेहरा भर लिया और गोल-गोल मुँह बनाकर जम्हाई लेते हुए अपने नन्हे भाई को बड़ी उत्सुकता से देखने लगी। उसी समय दादी ने खुश होते हुए कहा– "आज मेरी छोटी बहु का ओहदा बड़ा हो गया, उसने मुझे पोता दिया है, आज मेरा घर भर गया।" यह कहते हुए उन्होंने कनखियों से अम्मा की ओर देखा। दादी के मुख से यह सुनकर अम्मा की आँखों में आँसू आ गये और वे सिर दुखने का बहाना कर उठकर भीतर चली गयीं। रात का खाना खाने के बाद अम्मा ने बाबूजी से कहा– "हम कल सुबह वापस चले जायेंगे।" बाबूजी ने बिना कुछ कहे हाँ की मुद्रा में सिर हिला दिया। मैंने ठुनककर प्रतिकार करते हुए कहा–"हम लोग तो दो दिनों के लिए गाँव आये थे न!" तब बाबूजी ने मुझे समझाते हुए कहा–"बेटा वहाँ बहुत काम है, हमें

कल ही वापस जाना पड़ेगा।" अगले दिन वापसी के दौरान बाबूजी खामोश थे, अम्मा भी बस की खिड़की से जाने क्यों बाहर लगातार देख रही थीं, उनकी आँखें लाल और सूजी हुई दिख रही थीं। अम्मा के बाल उड़-उड़ कर उनके चेहरे पर फैल रहे थे, फिर भी वो शान्त बैठी हुई थीं जैसे भीतर का तूफान बेकाबू होकर बाहर आ गया हो और नदी से नमी सोख कर बस की खिड़की से होकर फिर से अम्मा के भीतर समा जाना चाहता हो।

बाबूजी की ड्यूटी का कोई निश्चित समय न था। वे सुबह नाश्ता कर घर से निकलते, मुझे साइकल से स्कूल तक छोड़ते और जंगल की ओर निकल जाते। वनरक्षक की नौकरी करते हुए उन्होंने कभी कोई लापरवाही नहीं की। पड़ोस के गाँव में रहने वाले बल्लू ठाकुर की बाड़ी में जंगल से काटकर लाई गयी इमारती लकड़ी पर जब बाबूजी ने हेम्मर का निशाना लगाया तब तो ठाकुर आपे से बाहर हो गये। वे हमारे घर आये और धमकाते हुए बोले– इस आदिवासी के पिल्ले की ये हिम्मत। मैं उसकी औकात बताऊँगा, उसकी बोटी-बोटी कर चील-कौओं के आगे न फेंक दिया तो मेरा नाम बल्लू ठाकुर नहीं। उस समय बाबूजी घर पर नहीं थे, अगर वे घर पर होते तो न जाने क्या हो जाता। मैं डरी-सहमी दरवाजे की ओट से ठाकुर को चिल्लाते हुए देख रही थी। अम्मा का चेहरा सख्त हो गया था और उन्होंने मुझे अपनी गोद में भींच लिया था।

मैं अम्मा की बेटी भी थी और बेटा भी। जब बाबूजी देर तक घर नहीं आते तो अम्मा बार-बार दरवाजे तक जातीं और यह कहते वापस आतीं कि– "तुम्हारे बाबूजी को हमारी कोई फिकर है हम जियें या मरें।" ऐसा कहते ही उनके चेहरे पर गुस्से से ज्यादा भय दिखाई देता, वे हमेशा खटिया के नीचे एक कुल्हाड़ी रख कर सोतीं। अम्मा मुझे पहले ही खाना खिला कर सुला देतीं और खुद बाबूजी की बाट जोहती रहतीं, मैं भी आँखें मूँदे देर तक यूँ ही लेटे रहती। अम्मा मुझे राजा-रानी और राजकुमारियों वाली कहानी सुनातीं, कहानी सुनने के लोभ में, मैं भी देर तक जागी रहती। कहानी सुनते-सुनते मेरा मन दूर....नदी के किनारे पहुँच जाता जहाँ राजकुमारी स्नान कर अपने सुनहरे बाल सुखा रही होती, तो कभी मन जंगल में खिले तरह-तरह के फूलों तक पहुँच जाता और उन्हें तोड़ कर राजकुमारी के बालों में लगा देता तो कभी वो फूल मेरी वेणी में गुंथ जाते। अम्मा मुझे खूब प्यार करतीं, स्कूल भेजते समय दोनों

गालों को चूम लेतीं और दूर तक मुझे और बाबूजी को जाते हुए देखती रहतीं।

पाँचवीं कक्षा में जब मुझे 76 प्रतिशत अंक मिले और मैं कक्षा में प्रथम आयी तो अम्मा-बाबूजी की खुशी का ठिकाना न था। अम्मा ने बाबूजी से कहा–"देखो हमारी गुड्डी कक्षा में प्रथम आयी है, कक्षा के सारे लड़कों से भी ज्यादा अंकों से पास हुई है, ये तो मेरा बेटा है।" मेरे बालों को सहलाते हुए वे फूली नहीं समा रही थीं। मेरे सभी सहपाठियों ने पड़ोस के गाँव के मिडिल स्कूल में दाखिला ले लिया। अम्मा ने बाबूजी से कहा–"गुड्डी को भी दाखिला दिला दीजिए।" लेकिन मेरे मन में तो शहर में पढ़ने की धुन सवार थी। मैंने जिद पकड़ ली कि मुझे बिलासपुर में ही पढ़ना है। मेरी बुआ भी अम्बिकापुर में पढ़ती थीं, वे मुझे बहुत-बहुत प्यार करतीं, जब छुट्टियों में गाँव आतीं तो मेरी हथेलियों में बड़े प्यार से मेहँदी रचातीं, उन्हें गाना भी आता और नाचना भी।

आखिर मेरी जिद रंग लाई और बाबूजी मुझे लेकर बिलासपुर आ गये, हम सारा दिन कई स्कूलों के चक्कर लगाते रहे लेकिन सभी स्कूलों में सीट भर जाने की बात कह कर हमें लौटा दिया गया। जब हम निराश होकर वापस आ रहे थे तो बस में मेरे गुरुजी मिल गये, उन्होंने बाबूजी को बताया कि शासन से एक पत्र आया है, उसके अनुसार 75 प्रतिशत से ज्यादा अंक से उत्तीर्ण छात्राओं को कन्या शिक्षा परिसर में प्रवेश की पात्रता है। हल्की बारिश हो रही थी, बस से उतरने के बाद हम मारे खुशी के, बिना कहीं रुके भीगते हुए चलते जा रहे थे। रास्ते में छितौरी ओढ़े चरवाहे का गायों को फिराना और करुण राग में गाते उसके गीत घर पहुँचने तक मेरा पीछा करते रहे और मेरा मन उन गीतों के संग हिचकोले खाता रहा। मैना पक्षी का एक शिशु विहग रास्ते के किनारे फुदक रहा था और दो मैना उसकी चोंच में बार-बार चारा डालते और उसे उड़ने की कला सिखा रहे थे। अम्मा के बहुत रोने-पीटने के बाद भी मैं दो दिनों बाद पढ़ने के लिए बिलासपुर आ गयी। स्कूल आवासीय था, जगह की कमी थी अत: जिस कमरे में सोने की व्यवस्था थी वही दिन में क्लास रूम बना दिया जाता।

मेरे बिलासपुर आ जाने के बाद अम्मा और अकेली रह गयीं। बाबूजी की ड्यूटी तो वैसी ही थी। अम्मा बाबूजी से कहतीं–"गुड्डी को वापस ले आओ, उसकी सहेलियाँ भी तो यहीं पढ़ती हैं वो भी उन्हीं के साथ यहीं पढ़ लेगी।" लेकिन बाबूजी ने अम्मा की एक न सुनी। वे कहते–"बेटी को बेटा बनाना है कि नहीं और अम्मा चुप हो जातीं।"

आखिर अम्मा-बाबूजी की तपस्या रंग लाई, उन्होंने पढ़ा-लिखाकर मुझे इंजीनियर बना दिया। आज मैं नौकरी ज्वाइन करते हुए अपने अम्मा-बाबूजी की बेटा बन गयी थी। सब कुछ तो ठीक चल रहा था लेकिन बाबूजी की किस्मत में अपने इस बेटे का सुख नहीं लिखा था, मेरी नौकरी के तीसरे साल हृदयगति रुक जाने से बाबूजी, मुझे और अम्मा को हमेशा के लिए छोड़ कर चले गये। अम्मा तो जैसे अपनी सुध-बुध ही खो बैठीं। रिश्तेदार मिलने आते और मुझे दुखी देख कर कहते– "बेटा अगर तुम्हीं रोने लगोगी तो तुम्हारी अम्मा को कौन सँभालेगा।" और मैं अपने आँसू भीतर ही रोक लेती।

एक दिन पहले ही तो हम तीनों ने एक साथ शाम की चाय पी थी। चाय पीते हुए बाबूजी ने कहा था–"मेरे दो स्वप्न थे, तुम्हारी शादी और एक छोटा-सा घर लेकिन दोनों पूरे नहीं हो सके।" मैंने बाबूजी को बीच में ही टोकते हुए कहा था–"आप ऐसा क्यों कह रहे हैं, आपके दोनों स्वप्न पूरे होंगे।" बाबूजी ने जो कहा था, उस वाक्य का अर्थ अगले ही दिन क्रूर काल ने मुझे समझा दिया था।

समय की ताकत को समझ पाना इंसान के बस की बात नहीं है। बाबूजी के गुजर जाने के दो साल बाद जी.पी.एफ. से मिले रुपयों से अम्मा ने माँ-बेटी के संयुक्त खाते में जमीन खरीद ली। कुछ महीने बाद मेरे लिए एक अच्छा सा रिश्ता भी आ गया। मैंने रिश्ते के लिए हाँ कर दी लेकिन अम्मा ने मना कर दिया, रिश्तेदारों ने बहुत समझाया लेकिन वे नहीं मानीं और मैंने जैसे अम्मा के खिलाफ जाकर शादी कर ली, मैंने अब तक जो दुनिया देखी थी उससे इतना तो समझ में आ ही गया था कि इस पुरुषप्रधान समाज में पिता के बिना किसी लड़की का जीवन कितना असुरक्षित हो जाता है।

बाबूजी के जाने के बाद अम्मा बहकी-बहकी बातें करने लगीं थीं। उन्होंने एक दिन कहा था–"तुम्हारी शादी न भी हुई तो क्या होगा, हम दोनों माँ-बेटी साथ-साथ रहेंगी।" मुझे क्या पता कि वे मुझसे इतना बड़ा झूठ बोल रहीं थीं।

मेरी शादी के बाद अम्मा ने रोते हुए मामाजी से कहा– "मेरी बेटी मेरा सब कुछ थी, बेटी भी, बेटा भी और जीवन भर की कमाई भी लेकिन वो मुझसे छिन गयी।" मामाजी ने बहुत समझाया लेकिन अम्मा समझने को तैयार नहीं थीं। मैं भी इन दिनों कुछ चिड़चिड़ी हो गयी थी और कभी अम्मा तो कभी पति रॉबिन पर अपना गुस्सा उतार देती।

मुझे बाबूजी की दूसरी इच्छा पूरी करनी थी सो होमलोन लेकर घर बनवाना शुरू कर दिया। रॉबिन अम्मा का खूब ख्याल रखते लेकिन अम्मा थी कि कुछ भी स्वीकार करने को तैयार न थी, न ही किसी बात से खुश ही होतीं। यह मेरे लिए बड़ा मुश्किल दौर था, एक ओर अम्मा को भरोसा दिलाना होता कि मैं आज भी उनकी बेटी और बेटा भी हूँ तो दूसरी ओर पति के मन को भी ठेस लगने से बचाना।

रेडियो से हमारा नाता कभी न टूटा। कई रेडियो टूटे और खराब हुए और बदले में नये रेडियो आते रहे। एक दिन रेडियो में येसुदास के गीत–"चाँद जैसे मुखड़े पे बिंदिया सितारा...." सुनकर अम्मा रोने लगीं, मैंने उन्हें रोका नहीं, रोने दिया। गाना समाप्त होने के बाद अम्मा ने बताया, तुम्हारे बाबूजी ये गीत गाया करते थे। मेरी स्मृति पटल में धुँधली सी तस्वीर अब बिल्कुल स्पष्ट हो गयी थी। एक दिन रेडियो पर एक समाचार आया कि सोनपुर के ठाकुर बल्लू सिंह की लाश बोरे में सड़क किनारे पाई गयी है, लाश के टुकड़े-टुकड़े कर बोरे में भरा गया था। अरे! यही बात तो कभी बल्लू ठाकुर ने बाबूजी के लिए कही थी। क्या बाबूजी ने बल्लू ठाकुर के लिए ऐसा सोचा होगा! नहीं, वे तो इतने अच्छे इंसान थे, लोग तो उनके लिए यह कहते कि वे आज की दुनिया में फिट ही नहीं होते, इतना सीधा होना भी ठीक नहीं। तो क्या बल्लू ठाकुर का दूसरे के लिए कही बात खुद पर लागू हो गयी! समाचार सुन कर अम्मा-बाबूजी एक क्षण को सन्न रह गये थे। बाद में परिचितों से पता चला कि इस घटना के पीछे एक पीड़ा की कथा छुपी हुई थी जो लोगों की दबी जुबान पर थी और कुछ तो अब खुलकर बोलने लगे थे, अब बल्लू ठाकुर तो रहा नहीं उन्हें भला किसका डर।

बल्लू ठाकुर अक्सर कोई न कोई बहाना लेकर हुकुम सिंह के घर पहुँच जाता, बल्लू ठाकुर को हुकुम सिंह की पत्नी राधा के हाथों का बना मट्ठा बड़ा अच्छा लगता लेकिन हुकुम सिंह को बल्लू ठाकुर का बार-बार घर आना बिल्कुल अच्छा नहीं लगता। उसे पता था कि ठाकुर की नीयत ठीक नहीं, मट्ठा पीना तो एक बहाना होता, उसकी नजर तो राधा के चेहरे पर होती। एक दिन तो ग़ज़ब हो गया, हुकुम सिंह की अनुपस्थिति में बल्लू ठाकुर घर आ पहुँचा और ओसारे पर रखे स्टूल पर बैठते हुए बोला–"राधा जी एक गिलास मट्ठा पिला दीजिए, गला तर हो जाये।" राधा को कुछ समझ में नहीं आया और कुछ देर बाद उसने काँपते हाथों से मट्ठा का गिलास बल्लू ठाकुर को थमा दिया।

लेकिन ये क्या बल्लू ठाकुर ने तो राधा का हाथ ही पकड़ लिया, राधा हाथ छुड़ाने की कोशिश करने लगी, इस कोशिश में मट्ठा जमीन पर छलक कर गिर पड़ा। कहते हैं होनी को कोई टाल नहीं सकता, उसी समय हुकुम सिंह घर आ पहुँचा, आहट पाते ही बल्लू ठाकुर हड़बड़ा गया और स्टूल से उठ खड़ा हुआ। हुकुम सिंह का चेहरा गुस्से में लाल हो गया। राधा घूँघट खींच कर भीतर चली गयी और हुकुम सिंह स्टूल को ठोकर मारते हुए राधा के पीछे घर के भीतर चला गया, तब तक बल्लू ठाकुर भी वहाँ से खिसक लिया, पर हुकुम सिंह का गुस्सा बढ़ता ही गया, पता नहीं उसे आज क्या हो गया था। उसने एक चादर ओढ़ी और तेजी से घर के बाहर चला गया, राधा थर-थर काँप रही थी। रात को हुकुम सिंह घर लौट आया और राधा के माथे का सिंदूर अपने हाथों से पोंछते हुए बोला–"राधा अब जो हो गया सो हो गया, मैं थाने जा रहा हूँ, पता नहीं अब क्या होगा, अगर लौट आया तो ठीक, नहीं तो समझना मैं इस दुनिया में नहीं।" राधा की दुनिया तो जैसे एक ही पल में लुट गयी। हुकुम सिंह ने थाने जाकर अपना अपराध स्वीकार कर लिया कि उसने बल्लू ठाकुर को मार डाला।

अम्मा को कोसे की साड़ी बहुत पसन्द थी। जब वो मात्र पाँच बरस की थीं, मेरे नाना-नानी अपनी गरीबी के अभिशाप को मिटाने के लिए, हजारों मील दूर असम के चाय बागान चले गये थे। एक बच्चे को तो वे साथ ले गए, और पाँच साल की बच्ची को दादा-दादी के भरोसे छोड़ गये साल, छः महीने में वे जो रुपये भेजते वो शराबी पिता की भेंट चढ़ जाते। छः साल बाद जब वे वापस लौटे तो बहुत कुछ बदल चुका था। दुनिया तो वैसी ही थी लेकिन रिश्तों में अजनबीपन समा चुका था। ग्यारह साल की वह बच्ची दिल से माँ को माँ नहीं कह सकी। अपने छोटे भाई-बहनों को अनजानी भाषा में बात करते देख-सुन कर खुद को उनसे जोड़ ही नहीं पाती। बिहु नृत्य में पहनी जाने वाली एक लाल पाड़ वाली साड़ी माँ साथ लाई थी, जैसे वो माँ-बेटी के बीच छः साल की दूरी को उस रेशमी साड़ी से बाँध कर कम कर देना चाहती हो। उस बच्ची को माँ की दी हुई साड़ी से इतना लगाव हो गया कि पाँच साल बाद वह उसी साड़ी को पहनकर ससुराल विदा हुई।

एक दिन रॉबिन कोसे की एक साड़ी ले आये और मुझे देते हुए कहा– "ये साड़ी अम्मा जी के लिए है, मेरे हाथों से तो लेंगी नहीं, तुम ये साड़ी उन्हें दे देना।" शाम को मैंने वह साड़ी अम्मा को देनी चाही लेकिन वो लेने को तैयार

नहीं हुईं, मुझे साड़ी वापस देते हुए उन्होंने कहा– "इसे तुम्हीं पहन लेना।" मैं भी आखिर अपनी अम्मा की बेटी थी, साड़ी में पिको-फाल करा कर अम्मा की अलमारी में रख दिया। मैंने परदे के ओट से झाँक कर देखा, अम्मा साड़ी को छूकर देख रही थीं, आज आसमान में तारे कुछ अधिक चमकते दीख रहे थे और एक-दूसरे के ज्यादा करीब भी, जैसे वे एक-दूसरे के गले लग रहे हों।

एक साल बाद मेरे बेटे के पहले जन्मदिन पर अम्मा ने आख़िर वो साड़ी पहन ही ली और नवासे पर खूब प्यार लुटाया। समय के साथ सब ठीक होने लगा था। उन्होंने दामाद को बेटे के रूप में स्वीकार कर लिया था, लेकिन अम्मा ने अपने झूठ को सच भी कर दिया। वे अपनी बीमारी छुपाती रहीं, स्वस्थ होने का भरोसा दिलाती रहीं, हम इलाज कराते रहे लेकिन उनकी तबीयत नहीं सुधरी, जब हमें पता चला बहुत देर हो चुकी थी, उनकी दोनों किडनी खराब हो चुकी थीं। डॉक्टरों ने बताया अब उन्हें डायलिसिस पर ही रखना होगा। छः महीने तक इलाज होता रहा लेकिन तबीयत नहीं सुधरी, हम अम्मा को नहीं बचा पाये। अम्मा हमेशा के लिए हमसे रूठ गयीं।

एक साल बाद आज मैंने अम्मा की अलमारी खोली है। मेरे हाथों में अम्मा की कोसे की साड़ी है। अम्मा तुम मुझे छोड़कर चली गयीं हमेशा के लिए, इस बात को बीते कल एक साल हो जायेगा। तुमने कहा था न! अब तो खुश हो जाओ, देखो कल मैं तुम्हारी ये साड़ी पहनना चाहती हूँ।